Dificuldades na aprendizagem da escrita

Dados Internacionais de Catalogação na Publicação (CIP)
(Câmara Brasileira do Livro, SP, Brasil)

Furtado, Valéria Queiroz
  Dificuldades na aprendizagem da escrita : uma intervenção psicopedagógica via jogos de regras / Valéria Queiroz Furtado. – 3. ed. – Petrópolis, RJ : Vozes, 2012.

  Bibliografia.

  3ª reimpressão, 2021.

  ISBN 978-85-326-3614-0

  1. Crianças – Dificuldade de aprendizagem 2. Crianças – Escrita 3. Intervenção (Psicologia) 4. Jogos educativos 5. Psicopedagogia I. Título.

07-9795   CDD-370.1523

Índices para catálogo sistemático:

1. Crianças : Dificuldades na aprendizagem da escrita :
   Intervenção psicopedagógica : Uso de jogos de regras :
   Educação   370.1523

Valéria Queiroz Furtado

Dificuldades na aprendizagem da escrita
Uma intervenção psicopedagógica via jogos de regras

EDITORA
VOZES
Petrópolis

© 2008, Editora Vozes Ltda.
Rua Frei Luís, 100
25689-900 Petrópolis, RJ
www.vozes.com.br
Brasil

Todos os direitos reservados. Nenhuma parte desta obra poderá ser reproduzida ou transmitida por qualquer forma e/ou quaisquer meios (eletrônico ou mecânico, incluindo fotocópia e gravação) ou arquivada em qualquer sistema ou banco de dados sem permissão escrita da editora.

CONSELHO EDITORIAL

Diretor
Gilberto Gonçalves Garcia

Editores
Aline dos Santos Carneiro
Edrian Josué Pasini
Marilac Loraine Oleniki
Welder Lancieri Marchini

Conselheiros
Francisco Morás
Ludovico Garmus
Teobaldo Heidemann
Volney J. Berkenbrock

Secretário executivo
Leonardo A.R.T. dos Santos

Editoração: Elaine Mayworm
Diagramação e capa: AG.SR Desenv. Gráfico

ISBN 978-85-326-3614-0

Editado conforme o novo acordo ortográfico.

Este livro foi composto e impresso pela Editora Vozes Ltda.

Aos meus pais que souberam acalentar todos os meus sonhos, ao meu marido e filhos que os incentivaram e a Deus, sem o qual jamais teria conseguido concretizá-los.

Agradecimentos

Ao longo dos cinco anos de doutorado, muitas pessoas contribuíram direta ou indiretamente para que eu pudesse realizar este trabalho: a todas estas pessoas os meus sinceros agradecimentos, em especial:

À minha orientadora e amiga, Profa.-Dra. Gislene de Campos Oliveira, pela dedicação e compreensão nas horas de dificuldade e incentivo constante.

Ao meu amigo Samuel Fabre, pelo trabalho cuidadoso de estatística e pelos conselhos sábios de um grande mestre.

Às amigas Maria Cristina, Alessandra, Elis Regina e Eliana, pelo carinho e por saber me ouvir, tendo sempre uma palavra amiga para me incentivar.

Aos professores e alunos da Escola Estadual onde foi realizada a pesquisa.

Aos colegas e funcionários da Faculdade de Educação, que indiretamente me auxiliaram na elaboração deste trabalho, seja através de uma informação ou de um favor.

À minha família e à minha mãe, que muitas vezes me auxiliaram nos cuidados da casa e dos filhos nos momentos em que eu precisei estar ausente.

Sumário

Prefácio, 9

Introdução, 11

1. Dificuldades na aprendizagem da escrita, 15

2. O desenvolvimento da estruturação espacial e sua correlação com a escrita, 22

3. O uso do jogo como estratégia de aprendizagem, 56

4. Intervenção psicopedagógica por meio de atividades e jogos de regras – O desenvolvimento da estruturação espacial e escrita, 71

5. Crianças com dificuldade em escrita e estruturação espacial – Analisando os resultados da intervenção, 96

6. Refletindo sobre a repercussão da intervenção psicopedagógica, 138

Referências bibliográficas, 147

Prefácio

O homem é um ser psicomotor. Cada um dos seus atos testemunha a manifestação conjunta de suas funções intelectuais, afetivas e motrizes (DE LIÈVRE & STAES).

É por meio do corpo que a criança aprende e toma consciência do mundo. A vivência corporal permite, portanto, ao ser humano explorar o espaço e construir um conhecimento maior de mundo. Piaget, numa visão cognitiva, ressalta a importância da representação do espaço para a criança.

A orientação espacial é uma elaboração e uma construção mental e depende das experiências realizadas no meio ambiente. É a possibilidade de organizar-se perante o mundo e de organizar as coisas entre si, de compreender as relações das posições dos objetos. Para uma criança aprender a escrever, deve ter uma estrutura de espaço bem organizada, pois se ela não conseguir assimilar os conceitos espaciais, vai apresentar muitas dificuldades nesta área.

A autora deste livro relata de forma clara e elucidativa todos esses aspectos que se entrelaçam. Além disso, apresenta uma proposta de intervenção psicopedagógica que se utiliza de exercícios psicomotores e jogos de regras numa abordagem construtivista para sanar algumas dificuldades de escrita dos alunos.

A autora, em sua proposta de reeducação psicopedagógica via jogos de regras, apresenta situações-problema aos alunos e instiga-os a questionar, a pensar, a procurar respostas, e, com isso, uma nova aprendizagem se constrói.

O jogo, além de ser uma atividade mais envolvente e prazerosa para a criança, ainda constrói um conhecimento por meio das trocas suas com o meio e permite desencadear atividades espontâneas, desafiando seu raciocínio.

Os jogos de regras e psicomotores, portanto, podem auxiliar a criança a "pensar", pois vão além de sua própria experiência, isto é, permitem-lhes fazer transposições das aquisições para outros contextos.

Qualquer profissional interessado em minimizar ou resolver as dificuldades escolares apresentadas pela criança na escola, encontrará aqui um rico material que poderá auxiliá-lo a entender melhor alguns aspectos do processo de aprendizagem.

Quero felicitar a autora pela seriedade e qualidade científica de sua obra, já demonstradas anteriormente ao longo de sua jornada como minha orientanda de mestrado e doutorado.

Gislene de Campos Oliveira

Introdução

A ciência vive corrigindo a si mesma.
Nela não existem ideias definitivas: cada
conceito está sujeito aos desafios que
representam as novas descobertas.

Carl Sagan

Considerando que o ato de aprender é um processo comum a todo indivíduo, e que se configura como parte do desenvolvimento, envolvendo a trilogia básica "biológico – ambiental – psicológico", o que caracteriza um problema de aprendizagem? O que significa basicamente o não aprender?

No intuito de obter respostas a essas perguntas, vários profissionais se concentram em entender o processo ensino-aprendizagem e se preocupam também com a intervenção de crianças que apresentam dificuldades escolares. Dentre esses profissionais, podemos citar o psicopedagogo.

A psicopedagogia é uma área de conhecimento interdisciplinar, que tem como objeto de estudo a aprendizagem humana. É papel fundamental do psicopedagogo potencializá-la e atender às necessidades individuais no decorrer do processo.

O trabalho psicopedagógico pode adquirir caráter preventivo, clínico ou terapêutico, empresarial e hospitalar. No que diz respeito à prevenção, pode-se destacar a orientação de professores na escola, facilitando o processo de aprendizagem, trabalhando as diversas relações humanas que existem nesse espaço. Na área clínica, o psicopedagogo atua na realização de diagnósticos e intervém nos problemas de aprendizagem e, na área empresarial, realiza trabalhos de treinamento de pessoal e auxilia na melhoria das relações interpessoais na empresa. A área hospitalar é ainda pouco difundida dentro da psicopedagogia.

É importante salientar que a psicopedagogia vem para somar, trabalhando em parceria com os diversos profissionais que atuam em sua área de abrangência.

Segundo Scoz et al. (1991, p. 2), a psicopedagogia é a "área que estuda e lida com o processo de aprendizagem e suas dificuldades e que, numa ação profissional, deve englobar vários campos do conhecimento, integrando-os e sintetizando-os".

A esse respeito, Fini (apud SISTO, 1996, p. 64) defende que, embora a psicopedagogia seja uma ciência nova, ela muito tem contribuído para

> o esclarecimento do processo de acesso ao conhecimento e de possíveis problemas que o dificultam. Está voltada, em especial, para possibilidades de intervenção psicopedagógica e apoio de alunos que apresentam dificuldades e rendimento escolar insatisfatório, mesmo quando não se caracterizem por deficiências e distúrbios.

Dessa forma, verifica-se que, em sua prática, o psicopedagogo está sempre atento aos problemas decorrentes da não aprendizagem. Para lidar com essas questões, esse profissional lança mão de vários recursos, dentre eles os jogos.

Para alguns estudiosos, como Brenelli (1996), o jogo permite ao psicopedagogo investigar, diagnosticar e remediar as dificuldades, sejam de ordem afetiva, cognitiva ou psicomotora.

No que se refere ao diagnóstico, o jogo pode ser um excelente instrumento de avaliação, uma vez que possibilita ao psicopedagogo ter acesso ao pensamento infantil. Quanto à intervenção, o jogo pode ser utilizado como um meio para se criar situações-problema a serem solucionadas pelo sujeito, ou seja, transformar certas situações em questões que serão objeto de análise. "Estas atividades correspondem a recortes de partidas e exigem da criança uma pausa para pensar sobre o jogo, o que, em muitos casos, colabora para melhorar seu desempenho", diz Petry (apud SISTO, 1996, p. 164).

Cabe ao psicopedagogo instigar o aluno a analisar as situações-problema, à procura de respostas, cuja construção resultaria necessariamente numa nova aprendizagem. Também é fundamental que o profissional desencadeie uma discussão a respeito da situação de jogo para que a criança possa ir além da experiência e faça a transposição das aquisições para outros contextos. "Isto significa considerar que as atitudes adquiridas no contexto de jogo tendem a tornar-se propriedade do aluno, podendo ser generalizadas para outros âmbitos, em especial para as situações de sala de aula" (MACEDO et al., 2000, p. 23).

Segundo o autor, a psicopedagogia, que tem o jogo como um de seus instrumentos, poderia ser definida como uma "forma de tratamento que resgata, prepara ou aprofunda, no presente, as condições para o trabalho escolar das crianças, promovendo, igualmente, competências importantes para o seu trabalho profissional no futuro" (MACEDO et al., 1997, p. 153).

Assim como Macedo et al. (2000), Brenelli (2001, p. 179) afirma que o jogo pode

> favorecer a construção de raciocínios no processo de intervenção junto às crianças que apresentam dificuldade de aprendizagem, objetivando a análise dos procedimentos, a resolução de situações-problema, os registros da jogada que possibilitam o uso de diferentes sistemas simbólicos, refletindo, sobretudo, como os mesmos se encontram estruturados.

Assim sendo, os conhecimentos escolares podem ser avaliados e desenvolvidos por meio das situações de jogo, auxiliando, segundo a autora, na minimização das resistências que muitas crianças apresentam quando se deparam com situações diretivas que as fazem reviver as situações de fracasso.

Levando em consideração os aspectos mencionados, pretende-se, neste livro, apresentar um programa de intervenção psicopedagógica por meio de atividades psicomotoras e jogos de regras, enfatizando a estruturação espacial em crianças que apresentam dificuldade na escrita.

A estruturação espacial será abordada neste estudo como resultante da organização funcional da lateralidade e da noção de corpo, uma vez que é necessário desenvolver a conscientização espacial interna do corpo antes de projetar esse referencial somatognósico no espaço exterior.

No capítulo 1 será caracterizada a dificuldade na escrita.

O capítulo 2 apresenta as concepções da estruturação espacial pelo ponto de vista psicomotor e cognitivo, sendo possível fazer uma correlação com o desenvolvimento da criança e a aprendizagem da leitura e da escrita.

O terceiro capítulo registra uma retomada histórica sobre o uso do jogo como estratégia de aprendizagem e ressalta sua importância no contexto psicopedagógico.

Do quarto capítulo constam a metodologia e a descrição dos procedimentos utilizados para a concretização do trabalho.

No quinto capítulo são apresentados os resultados e a análise de dados desta pesquisa.

No capítulo 6 são explicitadas as conclusões e considerações finais.

1
Dificuldades na aprendizagem da escrita

A preocupação com as questões relativas à escrita é objeto de estudo constante, e, embora a literatura tenha feito progressos nas pesquisas sobre o assunto, muito ainda precisa ser analisado, principalmente no que diz respeito a processo de aquisição, metodologias mais adequadas e dificuldades mais comuns encontradas na escrita.

O termo dificuldade de aprendizagem é foco de diversos estudos e pesquisas que têm como finalidade entender e explicar por que o aluno não aprende. Muitos teóricos, entretanto, confundem o termo dificuldade com distúrbio de aprendizagem, tomando um pelo outro. Uma explicação se faz necessária para que se possa delimitar melhor o objetivo de estudo, sem, contudo, fazer a historicização dos termos.

Constata-se que o termo distúrbio está quase sempre associado a disfunções e lesões neurológicas, que acabam acarretando prejuízos e danos à aprendizagem. Já a dificuldade de aprendizagem geralmente está relacionada aos fatores metodológicos e internos do sujeito, como aspectos emocionais e familiares.

Segundo Moyses e Collares (apud ALMEIDA et al., 1995), a história real do distúrbio de aprendizagem se baseia em uma explicação na esfera biológica e na patologização das questões educacionais, por meio de exames das características físicas, psicológicas, genéticas e familiares da criança. Nesse contexto, a escola e o professor, na maioria das vezes, se resguardam, uma vez que a prática pedagógica e a atuação do professor não são questionadas.

A maioria das definições dos distúrbios de aprendizagem se baseia em uma alteração biológica, orgânica e individual, quase sempre envolvendo uma disfunção neurológica.

Johnson e Myklebust (1987), Tarnopol (1990), Fonseca (1995) e outros estudiosos mencionam que uma criança com distúrbio de aprendizagem se caracteriza por:

- Manifestar uma significativa discrepância entre o seu potencial intelectual estimado e o seu atual nível de realização escolar;
- Apresentar desordens básicas no processo de aprendizagem;
- Apresentar ou não uma disfunção do sistema nervoso central;
- Não apresentar sinais de: debilidade mental, de privação cultural, de perturbação emocional ou de privação sensorial (visual ou auditiva);
- Evidenciar dificuldades perceptivas, disparidades em vários aspectos de comportamento e problemas no processamento da informação.

Das inúmeras definições de distúrbios de aprendizagem, a do National Joint Committe of Learning Desabilities (1988, apud COLL et al., 2000) é, presentemente, a que reúne internacionalmente maior consenso:

> Distúrbios de aprendizagem é um termo geral que se refere a um grupo heterogêneo de desordens manifestadas por dificuldades significativas na aquisição e utilização da compreensão auditiva, da fala, da leitura, da escola e do raciocínio matemático. Tais desordens, consideradas intrínsecas ao indivíduo, presumindo-se que se-

jam devidas a uma disfunção do sistema nervoso central, podem ocorrer durante toda a vida.

Embora distúrbios de aprendizagem possam ocorrer concomitantemente com outras condições incapacitantes (por ex.: prejuízos sensoriais, retardo mental, distúrbio emocional grave) ou com influências extrínsecas (como diferenças culturais, instrução insuficiente ou inadequada), eles não são decorrentes dessas condições ou influências (COLL et al., 2000).

Apesar da abrangência das definições acerca do termo distúrbio de aprendizagem, constata-se a importância dos aspectos biológicos quando se referem à questão da aprendizagem. Se o indivíduo é portador de uma alteração neurológica, a ela se atribui toda a responsabilidade pela dificuldade de aprendizagem do aluno, sem levar em consideração a influência dos demais fatores.

Por certo não se descarta a influência dos fatores biológicos e neurológicos sobre o desenrolar da aprendizagem. Acredita-se, porém, que o homem não pode ser entendido como um ser apenas biológico, pois ele é o resultado de inúmeras interações entre o psicológico, o biológico, o social e o afetivo.

Segundo Rebelo (1993), a dificuldade de aprendizagem provém etimologicamente do vocábulo latino *difficultatem* que, por sua vez, radica em *difficilis*, de *dis + facilis*, adjetivo latino derivado de *dis + facere* que significa não conseguir fazer, ou seja, uma barreira ou obstáculo que impede o indivíduo de realizar algo que almeja. As dificuldades de aprendizagem, segundo Patto (2002), fazem parte do complexo fenômeno do fracasso escolar, o qual tem como características a evasão e a reprovação escolares. Mesmo sendo difícil conceituar o termo dificuldade de aprendizagem, podem-se citar aleatoriamente algumas definições que demonstram a diversidade de significados que são atribuídos a ela:

> Dificuldade de aprendizagem se refere a um ou mais déficits significativos nos processos de aprendizagem es-

senciais que requerem técnicas de educação especial para a remediação.

As crianças com dificuldade de aprendizagem demonstram geralmente uma discrepância entre a conquista atual e a esperada em uma ou mais áreas, tais como a fala, a leitura, a linguagem escrita, as matemáticas, a orientação espacial.

A dificuldade de aprendizagem referida não é primariamente o resultado de deficiências sensoriais, motrizes, intelectuais ou emocionais, ou ausência de oportunidades para aprender.

Os déficits significativos se definem em termos de procedimentos aceitos de diagnóstico em educação e em psicologia.

Os processos de aprendizagem essenciais são os habitualmente referidos na ciência da conduta como implicando a percepção, a integração e a expressão, seja verbal ou não verbal.

As técnicas de educação especial para a remediação se referem à planificação educativa baseada em procedimentos e resultados diagnósticos (KASS & MYKLEBUST apud GARCIA, 1998, p. 9).

Tal concepção nos aponta que existe no geral uma discrepância entre o desempenho real e potencial da criança, assim como nas demais áreas, como linguagem e escrita.

Nas palavras de Bateman (1965, apud FONSECA, 1995, p. 71), as crianças com dificuldade de aprendizagem podem ser identificadas da seguinte forma:

> Uma criança com problemas e dificuldades de aprendizagem é uma criança com discrepâncias intradesenvolvimentais significativas nos seguintes sistemas funcionais de comportamento: sistemas ideomotores, edeoperceptivos ou ideocognitivos, que estão diretamente implicados nos comportamentos da linguagem, da leitu-

ra, da escrita, da ortografia, da aritmética e/ou conteúdos de conhecimento escolar.

Para Fernandez (1991) e Almeida et al. (1995), a dificuldade de aprendizagem pode ser influenciada por diversos fatores externos ou internos ao ser humano.

Os fatores externos que afetam a aprendizagem são aqueles relacionados às características e metodologias educacionais. Já os fatores internos são ligados à estrutura familiar e à história do indivíduo.

Fernandez (1991) chama os fatores externos de "problema de aprendizagem reativa", em que o fracasso do aluno é resultado de uma ação educativa inadequada e, portanto, "não atrapalha a inteligência" do aluno. Nesse caso, a intervenção psicopedagógica deveria fundamentalmente sanar a instituição educativa (metodologia, linguagem, vínculo).

Os fatores internos são uma outra causa do fracasso escolar, constituindo-se em um "sintoma" que afeta o nível de inteligência, o corpo e o desejo inconsciente do aluno. Para entendê-lo, deve-se descobrir sua funcionalidade dentro da estrutura familiar e histórica do indivíduo, o que está quase sempre disfarçado, como forma de tornar mais difícil a descoberta. Segundo Rebelo (1993), existem quatro aspectos a serem considerados quando se fala em ensino e aprendizagem: o sujeito que aprende, os conteúdos do ensino, o pessoal docente e o ambiente social e físico da escola.

Quando estão localizadas no aluno, as dificuldades se referem ao desenvolvimento sensório-motor, linguístico, intelectual, à motivação e às experiências anteriores que a criança adquiriu.

Se estão relacionadas ao conteúdo do ensino, as dificuldades podem resultar de sua inadaptação ao sujeito, por conta do grau de dificuldade ou mesmo da linguagem ou programação que está sendo empregada no ensino desse conteúdo.

Quando o problema está no professor, podemos constatar que as dificuldades de aprendizagem poderão ocorrer em função das inter-relações professor-aluno, e com a forma com que o professor lida com situações conflitantes dentro da sala de aula.

Enfim, se a dificuldade de aprendizagem está localizada no ambiente social e físico da escola, podem-se inferir os meios e recursos utilizados como deficientes ou insuficientes para um ensino de qualidade.

Fonseca (1995) corrobora com os estudos citados acima, quando menciona que a aprendizagem tem um sentido mais amplo do que se imagina, pois é, para a criança e o adulto, a tarefa central de seu desenvolvimento.

Para o autor, a aprendizagem visa à utilização de todos os recursos, quer sejam interiores (hereditariedade) ou exteriores (meio), no sentido de uma otimização funcional, de modo a garantir uma adaptação psicossocial no maior número de circunstâncias possíveis. Para tanto, leva em conta uma multiplicidade de fatores: neurobiológicos, socioculturais e psicoemocionais, íntima e dialeticamente interacionados.

Atualmente existem vários centros de pesquisas que têm como objetivo investigar a questão da dificuldade de aprendizagem; dentre esses, podemos citar o Grupo de Estudos e Pesquisas em Psicopedagogia da Universidade Estadual de Campinas. Esse grupo vem, ao longo dos últimos anos, desenvolvendo pesquisas no intuito de discutir os diversos fatores relacionados ao não aprender, produzindo inúmeras pesquisas e fortalecendo a área em questão.

Partindo do pressuposto de que a grande maioria das crianças que são diagnosticadas com queixa de fracasso escolar apresenta no geral um quadro de dificuldade e não de distúrbio de aprendizagem, este livro se reportará a esses casos como dificuldade de aprendizagem.

No intuito de contribuir para a superação de dificuldades na aprendizagem da escrita no ensino fundamental, considerou-se importante a análise da estruturação espacial dentre os diferentes fatores que podem influenciar o rendimento dos alunos.

2
O desenvolvimento da estruturação espacial e sua correlação com a escrita

É inegável a importância da estruturação espacial na vida diária das pessoas, na medida em que é por meio do espaço que se observam as relações entre coisas e objetos que as envolvem.

Essa capacidade se dá a partir de situações simples, como localizar um objeto numa prateleira, sentar-se em frente a uma mesa para jantar, ou mesmo organizar livros em uma estante, situando-os uns em relação aos outros, em função do espaço de que se dispõe.

Definir a estruturação espacial refere-se à capacidade de cada indivíduo em se situar no mundo em que vive, relacionar-se com as pessoas e organizar os objetos à sua volta, numa estreita relação de dependência da interação com o meio.

Nesse processo, toda e qualquer relação com o espaço tem de ser interpretada a partir do corpo; através dele é possível estimar a quantidade de movimentos necessários para explorar o espaço, assim como calcular a distância entre objetos e entre um local e outro. Esse conhecimento se dá, em princípio, intuitivamente, depois pela lógica e por conceitos.

Dessa forma, é através do espaço e das relações espaciais que o indivíduo se situa no meio em que vive, estabelecendo relações e fazendo comparações e combinações entre objetos, percebendo as semelhanças e diferenças entre eles.

Portanto, não é o treino mecânico dessa habilidade que possibilita ao sujeito um bom desenvolvimento dela; na verdade, é preciso saber caminhar, numa progressão concreta e variada, de um exercício e uma situação que obtêm êxito para outros, de forma que a criança possa se organizar.

A criança ascende à estruturação por meio de um processo de desenvolvimento. Da localização espacial – como projeção da somatognosia –, passa-se a uma estruturação espacial como domínio espacial global e total, onde ela se orienta cognitiva e simbolicamente.

Quando se analisa a estruturação espacial por uma ótica psicomotricista, pode-se afirmar que a estruturação espacial não se ensina nem se aprende: descobre-se.

Para De Meur e Staes (1993, p. 13), a estruturação espacial assim se define:

- A tomada de consciência da situação de seu próprio corpo em um meio ambiente, isto é, do lugar e da orientação que pode ter em relação às pessoas e coisas;
- A tomada de consciência da situação das coisas entre si;
- A possibilidade, para o sujeito, de organizar-se perante o mundo que o cerca, de organizar as coisas entre si, de colocá-las em um lugar, de movimentá-las.

A princípio, a criança toma consciência de seu corpo no espaço para depois posicionar os objetos em relação a si. Só então ela poderá perceber a relação dos objetos entre si.

Le Boulch (1983), outro teórico da psicomotricidade, esclarece que é essa vivência corporal que possibilita à criança explorar o espaço. Inicialmente, ela adquire o conhecimento de seu esquema corporal através dos movimentos que executa com o seu corpo e com os objetos e, com esse domínio, poderá perceber as posições que os objetos ocupam, usando o seu corpo como ponto de referência.

Piaget e Inhelder (1993) assinalam a importância da representação do espaço na vida da criança. Eles descrevem cuidadosamente o desenvolvimento da percepção do espaço pelo ponto de vista cognitivo num processo de construção contínua, a qual implica elementos do desenvolvimento espacial apoiados na percepção e motricidade, até o surgimento da linguagem e função simbólica, num processo de construção e reconstrução do sujeito.

Segundo os autores, essa construção se inicia por meio de diversos espaços orgânicos, nos quais o espaço sensório-motor ou perceptivo se insere, até chegar à construção do espaço representativo ou intelectual.

2.1 Estruturação espacial numa vertente psicomotora

De uma perspectiva psicomotora, autores como Fonseca (1995, p. 203) definem a estruturação espacial da seguinte forma:

> A estruturação espácio-temporal emerge da motricidade, da relação com os objetos localizados no espaço, da posição relativa que ocupa o corpo, enfim, das múltiplas relações integradas da tonicidade, da equilibração, da lateralização e da noção de corpo, confirmando o princípio da hierarquização dos sistemas funcionais e da sua organização vertical.

Na visão do autor mencionado, a estruturação espacial não é algo que nasce com o indivíduo, mas é uma elaboração, uma construção mental que se opera por meio dos movimentos que o indivíduo executa em seu meio ambiente.

Para Picq e Vayer (1985), apesar de a noção espacial ser, em grande parte, o resultado das inúmeras informações que o ser humano recebe do meio e das experiências práticas do corpo em movimento, o fato de multiplicarmos essas experiências e esperarmos que essas impressões se multipliquem não garante uma elaboração mais precisa das diferentes noções espaciais.

Lapierre (1986, p. 52) afirma que "a estruturação espacial não se ensina nem se aprende, descobre-se". Dessa forma, é preciso levar em conta todo o processo educativo: a evolução da estrutura progressiva da noção de espaço, de forma a proporcionar todas as condições possíveis e eficazes para que a criança possa ir desvendando essa descoberta. A esse respeito, Le Boulch (1983, p. 3) esclarece:

> Pela experiência vivida do movimento global, enquanto distingue seu "próprio corpo" do mundo dos objetos e se estabelece um primeiro esboço da imagem do seu corpo, a criança parte para a descoberta do mundo exterior.

É essa vivência corporal que possibilita à criança explorar o espaço usando seu corpo como ponto de referência.

Ao descrever o desenvolvimento psicomotor, Le Boulch (1992) o divide em três fases distintas:

Primeira fase: corpo vivido (0 a 3 anos de idade)

Nesse período, a criança se utiliza de recursos como a manipulação de objetos, o deslocamento de seu corpo no meio em que vive, a fim de explorar e conhecer o espaço à sua volta, perceber as justaposições e estruturá-lo.

Nos primeiros meses, os movimentos que a criança executa são reflexos não intencionais, como a sucção e a visão, num completo egocentrismo, no qual a realidade externa é vaga. Com o tempo, tais reflexos evoluem para movimentos conscientes e coordenados, em que a criança prevê suas ações e pode repeti-las.

A boca, a princípio, é o único meio de contato que ela tem, e é através dela que a criança interage com o seio da mãe. No momento de mamar, o bebê estabelece uma relação em que é capaz de sentir o calor, o cheiro, o afeto. É a partir dessa relação que a criança experimenta as primeiras vivências corporais e entra em contato com o mundo.

Por meio desses contatos, ela descobre suas mãos, pernas e percebe que é capaz de comandar seu corpo e obter o que quiser por meio dele.

Nos primeiros anos de vida, o corpo é um instrumento de descoberta e relação entre os objetos e o espaço; é por meio dessas relações que a criança vai conhecendo mais e mais o seu corpo e a sua possibilidade de agir.

No entanto, até mais ou menos os seis meses de idade, a criança tem uma visão de corpo fragmentada e retalhada, e é pela descoberta de sua imagem no espelho que começa a se ver de forma integrada, organizada em sua totalidade.

Essa aquisição constitui-se um fato de extrema importância para o desenvolvimento do esquema corporal e a tomada de consciência do corpo pela criança, assim como do espaço. Pouco a pouco, ela é capaz de se sentir como algo separado do mundo dos objetos, o que lhe permite tomar consciência de suas características corporais e ter um melhor controle dos gestos.

Dessa forma, o espaço se estrutura, tendo como referência o próprio corpo, e se organiza de acordo com a experiência pessoal de cada indivíduo (BORGES, 1987).

Nessa fase, segundo Negrine (1986), a criança começa a dimensionar suas noções de espaço, mesmo sem poder verbalizá-las. Ela pode, então, deslocar-se para pegar um brinquedo que caiu embaixo da cama, abaixando-se para pegá-lo e depois retirando-se para liberar sua cabeça.

Segunda fase: corpo percebido (3 a 7 anos de idade)

De acordo com Le Boulch (1992), essa fase tem início no momento em que a criança começa a descobrir o seu corpo, a testar seus limites e a aprender a dissociar seus movimentos através de uma certa tomada de consciência.

Essa etapa está diretamente ligada à organização que o indivíduo faz de seu esquema corporal, o que ocorre devido ao que Le Boulch (1992) chama de função de interiorização e percepção do próprio corpo, fato que possibilita à criança uma melhor dissociação dos movimentos e uma certa tomada de consciência de seu corpo e de suas condições temporais de desenvolvimento.

A criança começa a perceber, nessa fase, seus movimentos e a posição que seu corpo ocupa em relação aos objetos e pessoas, assim como o do espaço.

Com essa dissociação de movimentos, a criança poderá remodelar seus gestos globais, coordenando-os de forma cada vez melhor, de acordo com a representação mental que tem dos mesmos.

> Ela descobre sua dominância, verbaliza-a e chega a um corpo orientado que vai se transformar em seu ponto de referência para se situar e situar os objetos em seu espaço e tempo. Ela tem acesso a um espaço e tempo orientados, valendo-se de seu próprio corpo. A criança chega, pois, à representação dos elementos do espaço, descobrindo formas e dimensões (OLIVEIRA, 1997, p. 59).

Ao longo dessa experiência corporal, os movimentos se tornam cada vez mais coordenados e harmoniosos.

Por outro lado, quando a criança não conhece seu corpo e não consegue organizá-lo, encontrará dificuldade em nomear suas partes e representá-lo corretamente em um desenho (DE LIÉVRE & STAES, 1992).

Para os autores, é pela interiorização do eixo corporal e das diferentes partes do corpo que a criança poderá dominar os termos espaciais como em cima, embaixo, atrás, à frente, direito, esquerdo. No entanto, para que ela assimile esses conceitos espaciais, é necessário que tenha uma boa lateralidade.

Ao falar em lateralidade, devem-se distinguir dois aspectos fundamentais: o primeiro diz respeito à dominância lateral e, nesse sentido, a lateralidade se refere ao uso preferencial de um dos lados do corpo em detrimento do outro, para a realização das atividades. Esse uso preferencial ocorre tanto com o olho como com a mão, o pé, o ouvido e a boca. Portanto, algumas pessoas usam o lado direito do corpo para executar suas atividades, enquanto outras usam mais o lado esquerdo.

O segundo aspecto se refere ao domínio dos conceitos direita-esquerda, que são a base para a estruturação espacial.

Esse conhecimento de direita e esquerda decorre da dominância lateral e será mais facilmente aprendido quanto mais acentuada e homogênea for a lateralidade da criança. A esse respeito Oliveira (apud SISTO, 1996, p. 81) nos afirma que:

> Uma criança que já tenha uma lateralidade definida e que esteja consciente dos dois lados direito e esquerdo do seu corpo está apta para identificar esses conceitos no outro e no espaço que a cerca. Obedece, portanto, a algumas etapas: primeiro assimila os conceitos em si mesma, depois em relação aos objetos. Em seguida descobre-os no outro que está à sua frente e finalmente nos objetos entre si.

Fonseca (1995, p. 130) acrescenta que a lateralidade desenvolvida no interior do corpo do indivíduo projeta-se no exterior e transforma-se em direcionalidade:

> Sem uma adequada lateralização e sem uma adequada noção do corpo, as elaborações ou extensões das suas capacidades não podem estabelecer uma adequada estruturação espácio-temporal e, como consequência, a organização e a estruturação resultam limitadas ou imprecisas, com reflexo evidente em vários aspectos da aprendizagem.

Para o autor, a estruturação espacial depende, portanto, do grau de integração e de organização de fatores psicomotores, como equilibração, tonicidade, esquema corporal e lateralidade. Sem um adequado desenvolvimento desses fatores, pode-se ter como consequência uma organização e uma estruturação limitadas e imprecisas, com reflexo evidente em vários aspectos da aprendizagem.

A verbalização, por sua vez, assume também um papel fundamental para que a criança possa vivenciar o domínio das noções de orientação e, na sequência, possa então aprender as seguintes noções:

> Noções de situações (através de conceitos como de dentro, fora, no alto, abaixo, longe, perto); de tamanho (através dos conceitos de grosso, fino, grande, médio, pequeno, estreito, largo); de posição (por meio das noções de em pé, deitado, sentado, ajoelhado, agachado, inclinado); de movimento (através dos conceitos de levantar, abaixar, empurrar, puxar, dobrar, estender, girar, rolar, cair, levantar-se, subir, descer); de formas (conceitos de círculo, quadrado, triângulo, retângulo); de qualidade (conceitos de cheio, vazio, pouco, muito, inteiro, metade), de superfícies e de volumes (OLIVEIRA, 1997, p. 79).

Ao aprender esses conceitos, ela atinge, segundo a mencionada autora acima, a etapa da estruturação espacial.

Terceira fase: corpo representado (7 a 12 anos)

Nesse momento, já se pode falar que a criança possui a representação de seu corpo e tem condições de controlá-lo voluntariamente, o que caracteriza a etapa do corpo representado descrita por Le Boulch (1992).

Nessa fase, o esquema corporal da criança se organiza e ela é capaz de se ver em sua totalidade: é capaz de dispor de uma imagem mental do corpo em movimento, o que lhe permite uma representação mental de suas ações e uma intervenção no desenvolvimento das mesmas.

No final dessa fase, a criança atinge a imagem de corpo operatório, "que é o suporte que permite efetuar e programar mentalmente suas ações em pensamento, e se torna capaz de organizar, e combinar as diversas orientações" (OLIVEIRA, 1997, p. 60).

É por meio desse nível de organização da imagem de corpo que as pessoas têm competência para se comunicar com o mundo e se expressar, seja através do contato corporal ou de gestos.

No entanto, segundo Morais (1997), quando a criança não consegue desenvolver uma boa imagem corporal, ela poderá ter sérios problemas em estruturação espacial e temporal, na aquisição dos conceitos: em cima, embaixo; dentro, fora; esquerdo, direito, horizontal, vertical.

Pode também apresentar desequilíbrio postural, dificuldades para se locomover num determinado espaço ou mesmo escrever obedecendo aos limites de uma folha. Essa capacidade de se orientar em seu meio ambiente possibilita à criança assimilar melhor a orientação espacial no papel.

Esse fato, de certa forma, possibilita à criança fazer escolhas sobre seus próprios pontos de referência, usando suas orientações para organizar seu traçado e o espaço predeterminado no papel. Isso se mostra muito importante na aprendizagem, uma vez que a criança está a todo momento tendo que se organizar em função do espaço de que dispõe para executar seus trabalhos.

De acordo com Ajuriaguerra (1988, p. 290), a escrita é uma atividade que obedece a exigências precisas de estruturação espacial: "A criança deve compor sinais orientados e reunidos de acordo com leis; deve, em seguida, respeitar as leis de sucessão que fazem destes sinais palavras e frases. A escrita é, pois, uma atividade espácio-temporal muito complexa".

Essas atividades que a criança realiza dentro da sala de aula, como a escrita, dependem das manipulações e relações espaciais entre os objetos, que são mantidas por meio do desenvolvimento de uma estrutura de espaço. Mas, quando isso não acontece, percebe-se que seu comportamento acaba sofrendo inúmeras alterações (OLIVEIRA, 1997; DE LIÉVRE; STAES, 1992).

Essas alterações são resultado de uma má integração da estruturação espacial, na qual o indivíduo mostra dificuldades em reconhecer e utilizar os dados espaciais, assim como em fazer localizações e discriminações visuais e espaciais.

2.2 Estruturação espacial numa vertente cognitiva

Quando se analisa a construção do espaço pelo ponto de vista cognitivo, pode-se tomar como referência a obra *A representação do espaço na criança, Piaget e Inhelder* (1993). Nessa obra, assinalam a importância da representação do espaço na vida da criança e descrevem o desenvolvimento da percepção do espaço num processo de construção contínua.

2.2.1 Espaço perceptivo ou sensório-motor (0 a 2 anos)

Nos quatro primeiros meses de vida, a criança está quase que totalmente centrada no exercício dos reflexos, como a sucção ou a visão, num completo estado de egocentrismo, cuja realidade externa é vaga.

As atividades da criança se concentram no que se denomina de espaço ou grupo prático, ou seja, os espaços gustativo, visual, auditivo, tátil e cinestésico, os quais se constituem através dos inúmeros contatos e manuseio de objetos realizados pela criança e os respectivos órgãos do sentido.

O conceito de grupo mencionado acima é muito importante para Piaget e aparece em todos os níveis de desenvolvimento, como um ponto de referência para a análise do desenvolvimento do espaço no período sensório-motor.

O termo grupo ou agrupamento fornece uma espécie de padrão de organização constante em relação ao qual a cognição é analisada, desde o nível sensório-motor até o nível operatório formal, passando pelos intermediários (FLAVELL, 1996).

Verifica-se que, nessa fase do desenvolvimento, a criança não se mostra capaz de distinguir o mundo exterior, formado pelos objetos do mundo interior, ou seja, o próprio corpo. Sendo assim, não é capaz de saber quando são as coisas que se deslocam ou quando é ela quem se desloca. Na verdade, a criança não se vê como a autora de mudanças ocorridas em seu meio ambiente, nem dissocia seus movimentos dos movimentos dos objetos; ela simplesmente luta para reproduzir os resultados de seus comportamentos.

O bebê tenta fazer com que coisas interessantes, que aconteceram casualmente com seu corpo, ocorram novamente, como colocar o dedo na boca, tirar a chupeta, balançar um chocalho. Isso se justifica pela não coordenação dos diversos espaços sensoriais entre si, como, por exemplo, o espaço visual e o espaço tátil. Na verdade, esses espaços permanecem heterogêneos, ou seja, não constituem um espaço único, o que impossibilita a avaliação dos tamanhos, distâncias ou das posições relativas dos objetos e, consequentemente, de seu manuseio.

Em decorrência, não há "nem permanência de objeto sólido, nem constância perceptiva das formas ou das grandezas". Durante esses primeiros meses de vida, tudo está centrado no corpo e na ação da criança, num completo egocentrismo (PIAGET & INHELDER, 1993: 21).

Segundo Piaget (2001: 122), "não há relações espaciais permanentes entre as coisas, tanto quanto não há coisas permanentes no espaço: a ausência de grupo objetivo caminha junto com a ausência de objetos".

O que se constata é que a percepção do espaço não ultrapassa a percepção dos quadros sensoriais aos quais a criança praticamente se acomoda. Embora essas percepções elementares não possibilitem ao indivíduo ter a permanência do objeto ou a constância das formas, pode-se constatar nesse período, segundo Piaget e Inhelder (1993), o desenvolvimento de algumas relações espaciais elementares.

1ª) Vizinhança: corresponde à relação espacial mais elementar, cujos aspectos de proximidade entre os elementos, num mesmo campo, são percebidos.

2ª) Separação: corresponde à relação espacial que possibilita à criança distinguir dois elementos que se interpenetraram e que se confundem, introduzindo entre eles uma relação de separação, possibilitando distingui-los.

3ª) Ordem: é a relação que se estabelece entre elementos, ao mesmo tempo vizinhos e separados, e que se encontram em uma sequência ou sucessão espacial.

4ª) Circunscrição ou envoltório: corresponde à relação espacial em que um elemento pode ser percebido como rodeado por outros elementos.

5ª) Continuidade: possibilita a percepção total dos objetos, observando limites definidos.

Essas cinco relações perceptivas elementares são chamadas pela geometria de "topologia", e constituem-se na forma geométrica mais simples, a qual a teoria da forma analisa sob o nome de proximidade, de segregação dos elementos e de regularidade ordenada.

Constata-se que, nos primeiros meses de vida, as figuras percebidas pela criança aparecem e desaparecem como quadros móveis. O reconhecimento dessas figuras, como, por exemplo, o rosto de um adulto, se dá através da correspondência termo a termo, isto é, o bebê reencontra em cada rosto os mesmos olhos, o mesmo nariz. Tal reconhecimento leva em consideração os aspectos topológicos, como a circunscrição ou envoltório, proximidade, separação, vizinhança e outros, os quais são deformáveis e elásticos.

Com o passar do tempo, esse campo perceptivo inicial se enriquece e se amplia, em decorrência das coordenações dos esquemas da inteligência sensório-motriz, possibilitando à criança entrar em contato com um número cada vez maior de objetos.

Dos quatro meses até aproximadamente um ano de idade ocorrem mudanças significativas na vida da criança. Ela se mostra capaz de coordenar visão e apreensão, e as ações entre si geram uma profunda transformação do espaço perceptivo e prático.

A partir das inúmeras experiências de exploração, os espaços práticos começam a se coordenar entre si: o espaço bucal com o espaço visual, o espaço visual com o espaço táctil cinestésico. Tal coordenação tem como fator essencial o progresso da apreensão, o que possibilita ao sujeito passar do espaço prático para o grupo subjetivo.

O grupo subjetivo é o grupo de transição entre o grupo prático e o grupo objetivo.

Nesse grupo, a criança é capaz de imprimir movimentos aos objetos; no entanto, não os percebe como tendo permanência no universo. Aliado a esse fator, a criança também ignora seus próprios movimentos como sendo os responsáveis pela ação do objeto. Dessa forma, permanecem "inconscientemente vítimas da aparência sensorial e relativos à própria perspectiva da criança" (PIAGET, 2001: 113).

> O grupo subjetivo é, portanto, o dos movimentos aparentes, aquele em que a criança de 5-6 meses acredita que a lua a acompanha, em oposição aos grupos objetivos nos quais o indivíduo situará seus próprios movimentos em relação aos movimentos reais do objeto (FLAVELL, 1996: 162).

Nesse período, a criança ainda não é capaz de fazer relações espaciais dos objetos fora das situações em que elas estão ocorrendo; e quando, porventura, procura por um objeto que lhe foi apresentado e que se encontra desaparecido, o faz a título de impressões cinestésicas e musculares e não ainda como deslocamento do espaço, recorrendo, na maioria das vezes, à memória das posições.

Segundo Flavell (1996: 139), o "grupo subjetivo pode ser considerado como um grupo prático, no qual o sujeito está parcialmente consciente do papel que suas próprias ações desempenham nos vários resultados alcançados".

Todas essas mudanças correspondem a um progresso na noção de grupo, pois a criança é capaz de esconder e encontrar objetos, elaborando as operações reversíveis, o que caracteriza o início do grupo objetivo. De subjetivo, porque está relacionado ao interesse do indivíduo, o grupo vai se tornando "objetivo", porque está relacionado ao elemento móvel. No entanto, ainda não tem capacidade de considerar os deslocamentos sucessivos do objeto, apenas elabora as operações reversíveis, o que é uma grande novidade desse período.

A segunda aquisição desse estágio é a constância das formas e das dimensões, a qual é possível graças à exploração, por reação circular terciária dos objetos, na qual as dimensões táteis são invariáveis independentemente de o objeto estar perto ou longe.

Segundo Piaget (2001), aquela que se caracteriza como a terceira aquisição desse período é a descoberta da perspectiva, ou das mudanças de formas resultantes das diferentes posições da cabeça. A criança muda as posições de sua cabeça na expectativa de captar diferentes imagens das coisas e não mais como um esforço para agir sobre elas.

Apesar desses avanços alcançados, nada prova que a criança já é capaz de se situar na "qualidade de objeto, entre os outros, concebendo assim sua perspectiva espacial como relativa à sua própria posição e a seus deslocamentos de conjunto", uma vez que não considera os deslocamentos não diretamente visíveis (PIAGET, 2001: 167).

A partir das ações sobre os objetos, como movimentos de olhar, exploração táctil e coordenação dessas ações, a criança começa a elaborar a permanência das figuras, formas e dimensões. Em decorrência disso, há o início da construção das figuras euclidianas (permanecem constantes as dimensões atribuídas ao objeto, mesmo durante seus deslocamentos, analisam-se as distâncias, comprimento e área) e projetivas (a constância da forma e mudança de perspectiva).

Dessas atividades sensório-motoras resultam mais tarde a construção das formas perceptivas (retas, círculos, ângulos) e a percepção dos tamanhos e grandezas, as quais pressupõem a organização simultânea das relações projetivas e das relações métricas (avaliação dos tamanhos e distâncias variáveis).

A fase de um até aproximadamente dois anos é caracterizada pela experimentação, exploração ativa e intencional, variação e modificação do comportamento. A criança parece verdadeiramente interessada em novidades, e manifesta uma grande dose de curiosidade. Deixa cair objetos para observar a queda, puxa para si brinquedos com cordões, vê um objeto desaparecer atrás de sua mãe e o procura do outro lado.

Essa fase é um marco, pois, a partir dela, a criança será capaz de considerar os deslocamentos dos objetos, pois não se trata de uma simples reversibilidade. Ao procurar um objeto que estava em uma posição A e que foi deslocado para a posição B, a criança irá procurá-lo na B e não mais na posição A, como acontecia no período anterior.

Segundo Piaget e Inhelder (1993), a criança executa essas ações porque é capaz de analisar os deslocamentos visíveis, as posições, as relações de continente a conteúdo, rotações e inversões de objetos, uns em relação aos outros e não só relativamente ao próprio corpo. Essas condutas implicam as relações entre os objetos e os deslocamentos dos objetos entre si, ou seja, a elaboração de grupos objetivos. Nesse período, além de ser capaz de estabelecer relações de posições e de deslocamentos entre os objetos, "a criança começa a tomar consciência de seus próprios movimentos a título de deslocamentos de conjunto" (PIAGET, 2001: 206).

De uma forma geral, constata-se no início desse período, que compreende desde o nascimento até os dois anos de idade, que a criança aos poucos se situa no espaço, toma consciência do seu próprio movimento e de seu deslocamento, iniciando, assim, sua descentração e superação do egocentrismo. Começa a coordenar a visão e a apreensão, e ações entre si, ocasionando uma profunda transformação do espaço perceptivo, o que possibilita a elaboração e permanência dos objetos.

A criança nesse estágio já tem consciência dos deslocamentos de conjunto de seu organismo e, quanto a isso, progrediu em relação aos estágios precedentes, mas não consegue ainda evocar, por simples representação, seus próprios movimentos (PIAGET, 2001: 211).

Nessa idade, a criança se mostra capaz de imaginar seu deslocamento, não necessitando mais fazer ensaios prolongados, pois esse período marca o princípio das "coordenações interiorizadas e rápidas que caracterizam o ato completo de inteligência" e, portanto, têm início os primeiros esboços de representação (PIAGET & INHELDER, 1993: 27). A criança representa os deslocamentos do próprio corpo e se mostra capaz de representar as relações espaciais entre os objetos.

Ainda nessa fase, a criança tem a competência de inventar novos meios para a consecução de objetivos, pois existe uma representação interna de seu corpo que são os primeiros esboços de representação.

2.2.2 Espaço representativo (2 a 12 anos)

A atividade representativa começa por volta dos dois anos. No entanto, antes de a criança poder imaginar em pensamento os objetos, ela se mostra capaz de verificar, apenas pela percepção, "certas relações métricas implícitas" nos objetos (PIAGET & INHELDER,1993: 28).

Tal ação é possível porque nessa etapa de desenvolvimento da criança ocorre a experimentação ativa e intencional pela exploração dos objetos. Ela parece estar verdadeiramente interessada em novidades, e manifesta uma grande dose de curiosidade. Deixa cair objetos para observar a queda e usa vara para empurrar coisas.

Constata-se que a criança está realmente explorando as potencialidades do objeto, variando a ação para verificar em que medida isso afeta tal objeto. Toda essa atividade de conhecimento do objeto através do contato direto é a própria percepção espacial, que surge antes da representação.

No entanto, antes de a criança poder imaginar em pensamento os objetos, ela deverá, por meio da intuição espacial, reconstruir os objetos no plano que lhe é próprio, o da "representação por oposição à percepção direta e atual", mas não consegue representar ações simples antes de sua representação concreta e contatos imediatos com os objetos (PIAGET & INHELDER, 1993: 28).

Percebe-se que a passagem da percepção para a representação do espaço ocorre quando o sujeito evoca os objetos em sua ausência; para isso, as ações precisam ser interiorizadas, superando dessa forma o contato com o objeto: a percepção se apoia na imagem mental.

De uma forma geral, o espaço representativo está ligado à imagem mental, numa relação de dependência estreita na qual a imagem mental advém de uma imitação interiorizada do objeto ou do real. A imagem mental só é adquirida e assimilada quando passa pela experiência e pela ação. Assim, a criança só pode ter uma imagem de um objeto se este passar por sua experiência e ação.

Pode-se constatar que o período representativo marca um progresso na construção do campo espacial, possibilitando a noção de deslocamento dos objetos entre si. Nessa fase, a criança já se mostra capaz de considerar os deslocamentos sucessivos do objeto que está procurando, não se prendendo sistematicamente ao local em que o encontrou pela primeira vez ou à simples operação reversível, quando esconde um brinquedo atrás de uma almofada e depois torna a encontrá-lo no mesmo lugar.

Trata-se do comportamento de retirar do campo visual da criança um objeto qualquer e depois solicitar que ela o encontre. Nessa situação, a criança precisará elaborar vários deslocamentos em diferentes direções a fim de encontrar o objeto.

Nota-se um sugestivo progresso nessa etapa de desenvolvimento da criança, que passa a se utilizar das "relações complexas entre os próprios objetos e não mais apenas das relações entre as coisas e o corpo do indivíduo ou das relações que só implicam o grupo dos deslocamentos reversíveis" (PIAGET, 2001: 195).

Com o passar do tempo e o desenvolvimento das capacidades de imaginação e representação, a criança não necessita mais fazer ensaios prolongados; ela pode imaginar o resultado de seus modos de conduta. Ela tem a capacidade de reagir e pensar sobre os objetos e acontecimentos que não são imediatamente observáveis, bem como de inventar novos meios para a consecução de objetivos, através das combinações mentais – imaginação e ideias – pois já existe uma representação interna.

A criança é capaz de encontrar um objeto, mesmo que esteja escondido atrás de um anteparo, longe de seu campo visual. Dessa forma, constata-se a representação dos movimentos, independentemente da forma como este é realizado. Esses aspectos são muito importantes na representação do espaço, pois "sem a representação dos deslocamentos invisíveis, o universo da percepção permanece incoerente, ou pelo menos incompreensível" (PIAGET, 2001, p. 213).

É preciso, portanto, que a criança reorganize sua percepção por meio da representação dos "movimentos não percebidos ou dos deslocamentos reais disfarçados em seus movimentos aparentes" (PIAGET, 2001, p. 213). Ela precisa fazer a representação dos objetos entre si.

Um outro aspecto a ser considerado é a capacidade de representação do corpo da criança no espaço, que ocorre graças à sua possibilidade de imaginar seus movimentos e de coordená-los tendo seu corpo como referência. Essa capacidade possibilita à criança fazer a descentração – deixa de perceber o espaço em função de si mesma e se torna capaz de transpor essas relações para os objetos –, fazer relações espaciais entre os mesmos, sendo os objetos os referenciais e não mais o seu corpo.

Progressivamente a criança vai se tornando capaz de realizar representações das relações espaciais dos objetos entre si, assim como dos deslocamentos do próprio corpo, o que lhe permite antecipar ações. A partir desse momento, a criança será capaz de representar em pensamento o que antes só era possível através da imagem e das percepções.

Constata-se, com base nas informações acima citadas, que as ações cognitivas da criança tornam-se gradativamente mais interiorizadas, esquemáticas e móveis e, portanto, representativas e internas. Esses sistemas são equilibrados e organizados, constituindo propriedades e estruturas definidas, características do período das operações concretas.

As operações espaciais que se processam entre 7 e 8 anos de idade, segundo Piaget, podem ser de duas ordens: as operações lógicas e infralógicas espaciais. Segundo Gonzalez e Goñi (1993) essas operações se constituem em uma única estrutura: a estrutura de agrupamento.

Segundo Behar et al. (2003), "as operações lógicas tratam de objetos individuais, invariantes, limitando-se a agrupá-los ou relacioná-los sem considerar as relações espaciais e temporais envolvidas. São operações do tipo seriação, classificação, entre outras".

No que diz respeito às operações infralógicas, o autor afirma que:

> [...] são operações espácio-temporais que consistem em ligar as partes componentes de um todo e reuni-las em um todo contínuo. Nestas operações se reúnem ou separam as partes componentes de um objeto, de acordo com a posição espacial que este ocupa, dando lugar às operações de medida.

Os subsistemas infralógicos espaciais (topológico, projetivo e euclidiano) têm sua gênese no nível sensório-motor. Com o conhecimento da função simbólica, o espaço de sensório-motor, de puramente perceptivo, torna-se progressivamente representativo, constituindo o sistema das coordenadas espaciais em nível da ação.

A partir desse momento se reconstrói ao nível da representação o que foi construído ao nível da ação prática no período sensório-motor, porém essa reconstrução permanece estática, no sentido unidirecional.

Esses subsistemas se diferenciam porque cada um deles atende a significações diferentes do objeto. Enquanto as topológicas se referem às configurações perceptivas e representativas que constroem o objeto segundo uma homeomorfia deste, tendo em conta somente as relações intrafigurais, as projetivas e euclidianas estruturam figuras, em contraposição às configurações topológicas, outorgando significado às retas, às paralelas, aos ângulos, às distâncias, à métrica e às relações interfigurais.

Ao descrever o espaço representativo, pode-se dizer que o espaço topológico é o primeiro a se constituir. Dele derivam tanto o espaço métrico ou euclidiano como o projetivo. Eles se constroem paralelamente um ao outro; são, ao mesmo tempo, distintos e solidários (DOLLE, 2000). Segundo o autor, entre os 2 e os 7 anos predomina o espaço topológico e, a partir dos 7 anos, constituem-se paralelamente o espaço métrico ou euclidiano e o espaço projetivo.

A esse respeito, Piaget efetuou uma série de pesquisas para estudar os diferentes aspectos do espaço. Pode-se citar a pesquisa quanto aos sistemas de referências e as coordenadas: horizontal e a vertical.

Nessa pesquisa, Piaget e Inhelder (1993) se utilizam de algumas técnicas para avaliar a questão da elaboração das coordenadas. Piaget avalia se a criança descobre as verdadeiras leis físicas durante suas induções experimentais: a lei da constância da forma (horizontalidade) pelo nível dos líquidos, qualquer que seja a inclinação dos recipientes, ou da consciência da direção de um fio de prumo (verticalidade), qualquer que seja a orientação dos objetos vizinhos.

Para avaliar essas noções, Piaget utilizou uma técnica com os seguintes materiais: vidros vazios e idênticos paralelos e esféricos, um contendo água e o outro não. Os vidros eram apresentados ao sujeito, colocando-os em várias posições. As crianças menores deveriam indicar com um gesto o nível da água nas diversas inclinações do vidro no intuito de verificar se elas concebiam o plano inclinado ou horizontal; depois era solicitado que desenhassem o que haviam visto.

Quanto às maiores (a partir dos 5 anos), eram oferecidos desenhos traçados representando os vidros de acordo com vários ângulos de inclinação, pedindo para que desenhassem.

O experimentador tomava o cuidado de desenhar a linha da mesa, ou a do suporte de madeira sobre a qual estava a garrafa, de modo que essa horizontal pudesse eventualmente guiar a orientação dos níveis de líquido. Terminado o desenho antecipador, o sujeito deveria confrontá-lo com a experiência.

Quanto ao estudo da vertical, adotavam-se as seguintes técnicas: utilizava-se a garrafa mencionada no experimento anterior e colocava-se um flutuador de cortiça, com um fósforo vertical plantado nessa cortiça dentro da garrafa com água. Solicitava-se à criança que desenhasse previamente a posição do mastro desse barco, quando das diferentes inclinações do vidro, depois de corrigir seus desenhos após as experiências.

As técnicas descritas nos permitem estabelecer os seguintes estádios gerais, conforme menciona Piaget em seus estudos:

Subestádio IA

Durante o primeiro estádio, até mais ou menos 4-5 anos, o sujeito não consegue abstrair nem a superfície da água a título de superfície plana, no que se refere aos níveis horizontais, nem a superfície da montanha, no que se refere à determinação das verticais. Não tem a noção de um plano horizontal da água, e nem a noção do próprio plano, por isso ou desenha a água sob a forma de garatujas que ultrapassam os limites do vidro, ou, quando supera as dificuldades motrizes às quais podemos atribuir essa reação inicial, desenha a água sob a forma de uma mancha circular, ou de uma pequena bola no interior do vidro, sem abstrair a linha reta ou o plano nem situar a colocação da água em relação à garrafa.

A água é concebida em função da relação topológica de interioridade em relação ao vidro, e não ainda em função das noções euclidianas das retas e planos, de posições e de dimensões.

Subestádio IIA

Ainda não há descoberta da horizontal nem da vertical. No nível IIA já há abstração das superfícies e das linhas de nível, mas quando inclinamos a garrafa, o sujeito representa o deslocamento da linha de nível, não apenas sem referência alguma a um sistema exterior à garrafa (suporte ou mesa), mas ainda sem referência aos lados do vidro, em oposição à sua base: ele concebe a água dilatando ou contraindo-se, simplesmente aumentando ou diminuindo de quantidade.

O progresso que podemos observar em relação ao estádio anterior deve-se ao fato de conceber a água sob a forma de um plano, mesmo sem concebê-lo como permanecendo horizontal e já dominam o emprego das retas e dos planos.

Os sujeitos concebem a água com orientação constante não em relação às referências exteriores, mas à própria garrafa, supondo, desta forma, que a água inclina-se ao mesmo tempo que a garrafa.

Subestádio IIB

A criança, após indicar com o dedo, no vidro em via de inclinação, a direção que a água tomará, mas sem saber desenhar o novo nível, chega a destacá-lo de sua direção paralela à base do vidro. Mas ela ainda não coordena, de modo algum, esse nível previsto como um sistema de referência imóvel e exterior ao vidro (mesa ou suporte). Ela procura simplesmente retê-la nos cantos do vidro e imprime-lhe, assim, tanto orientações oblíquas quanto fortuitamente horizontais. Quando pedimos para desenhar o nível da água, ela se limita a representá-la paralela à base do vidro, mas quando o vidro é virado de boca para baixo, a horizontal é atingida.

As verticais permanecem perpendiculares aos níveis qualquer que seja sua inclinação.

Nível intermediário IIB e IIIA

A criança consegue prever a horizontalidade da água apenas nos casos em que o vidro de lados retangulares está ou virado a 180 graus, ou deitado de lado a 90 graus em relação a uma superfície (quando o nível é, portanto, paralelo a esse lado). Com o vidro esférico, desenha o nível oblíquo para todas as inclinações, salvo quando o vidro está deitado (90 graus) e a superfície é então desenhada horizontalmente. Os mastros dos barcos permanecem perpendiculares à superfície da água, permanecendo o sistema de referência interior ao vidro.

Subestádio IIIA

Tem início aos 7, 8 a 9 anos com a aparição das operações concretas. Nesse subestádio ocorre a generalização das noções de horizontal e vertical (os sujeitos começam pela previsão de posições oblíquas por falta de referências aos sistemas imóveis exteriores ao vidro). Nesse subestádio são constituídas as retas e paralelas.

Subestádio IIIB

Começa a partir de 9 anos, em média. Nesse subestádio, os sujeitos já possuem as noções de horizontalidade e verticalidade e são capazes de aplicá-las e antecipá-las imediatamente, constituindo um sistema de conjunto de coordenadas.

Pode-se concluir que um sistema de coordenadas é, portanto, produto de uma multiplicação lógica das relações de ordem, com intervenção das retas, das distâncias das paralelas e dos ângulos, de acordo com inúmeras dimensões.

Vê-se que um sistema de eixos de coordenadas supõe, além das relações topológicas elementares, o conjunto das noções euclidianas aplicadas ao relacionamento de todos os objetos entre si, quaisquer que sejam sua proximidade ou distanciamento. É assim a estruturação de conjunto do espaço euclidiano que constitui um tal sistema, e a razão por que sua construção é tão tardia (PIAGET & INHELDER, 1993, p. 436).

Pode-se inferir que um sistema de coordenadas é produto de uma multiplicação lógica das relações de ordem, com intervenção das retas, das distâncias das paralelas e dos ângulos, de acordo com inúmeras dimensões.

Nota-se, portanto, que um sistema de eixos de coordenadas supõe, além das relações topológicas elementares, o conjunto das noções euclidianas aplicadas ao relacionamento de todos os objetos entre si, quaisquer que sejam sua proximidade ou distanciamento: é, portanto, a estruturação de conjunto do espaço euclidiano que constitui um tal sistema, e é por isso que sua construção é tão tardia (PIAGET & INHELDER, 1993).

Ao contrário das relações topológicas, que permanecem interiores a cada objeto ou a cada configuração, as relações euclidianas encontram seu término na construção dos sistemas de coordenadas. São, antes de tudo, relações estabelecidas entre os objetos e entre as figuras, enquanto situando uns e as outras em um sistema de conjunto estruturado a título de sistema total.

A idade de 9 anos, situada no meio do estágio das operações concretas, é um marco muito importante e decisivo na construção do espaço, tanto no que diz respeito ao sistema de conjunto euclidiano como ao projetivo.

Para Kephart (1986: 136), o sistema euclidiano é o sistema espacial mais frequentemente usado. É um espaço tridimensional: vertical, horizontal, frente e trás. Apesar de não ser o único sistema possível, "é o mais comumente empregado, e é o que forma as bases das atividades que apresentamos em sala de aula".

Segundo o autor, a dimensão vertical do espaço deriva-se diretamente da linha da gravidade; portanto, é importante que a criança seja capaz de identificar a direção da gravidade e, dessa forma, estimar a constância de sua direção. Para tanto, ela precisa estar ciente de que seu corpo se move em relação à gravidade, e que a direção vertical permanece constante. Ela precisa ter a impressão de que o seu corpo está girando, e não que o ambiente está girando em torno dela.

> A direção da gravidade deve ser abstraída como sendo uma linha que atravessa o seu corpo. Se ela permanece sendo uma vaga área cilíndrica envolvendo dentro de si a massa do corpo, a dimensão vertical é variável dentro desta distância representada por essa massa. Por meio do refinamento da imagem corporal, é abstraída a força da gravidade para que ela se torne uma linha matemática que atravessa o corpo, com uma direção constante, sem levar em consideração a posição do mesmo (KEPHART, 1986: 136).

Dessa forma, segundo Kephart (1986), é possível estabelecer a partir do esquema corporal a noção de gravidade e consequentemente a dimensão vertical do espaço.

A dimensão horizontal do espaço, segundo o mesmo autor, deriva do conceito de lateralidade. A noção de direita-esquerda, desenvolvida dentro do corpo, é projetada para o exterior por meio da direcionalidade. Isso possibilita à criança projetar primeiramente essas relações espaciais que ocorrem dentro dos limites do comprimento de seu braço, através das informações cinestésicas da mão em movimento, para o espaço.

Pode-se supor que a criança conhece as noções espaciais vertical e horizontal desde o berço; quando se encontra deitada, ela conhece as horizontais, e desde que se levanta, descobre a vertical.

Apesar de passar por essa experiência prática, a criança não se beneficia desses conhecimentos perceptivo-motores com o fim de tirar alguma intuição generalizada sobre os aspectos exteriores. Segundo Piaget e Inhelder (1993, p. 396), "seria necessário sair do domínio exclusivamente postural e comparar suas próprias posições com a dos objetos que o rodeiam, o que já é uma coisa diferente de um conhecimento prático". Para os autores, é longo o caminho entre o espaço postural ou sensório-motor até o espaço representativo.

Segundo Burgos (1999), a percepção espacial se constitui em um dos processos que compõem o desenvolvimento integrado da personalidade, e se relaciona às mudanças no crescimento e nas experiências vitais significativas da criança e do pré-adolescente, tendo relação com a vida em que se encontra, com as condições e circunstâncias sociais, culturais, históricas e sociais, assim como às experiências pessoais de vida.

Campos (2000) desenvolveu um trabalho com crianças das quatro séries iniciais do ensino fundamental com o objetivo de verificar como elas resolvem problemas de localização e de movimentação no espaço, assim como constroem conhecimentos geométricos. Para tanto, o pesquisador desenvolveu atividades de orientação, movimentação, posicionamento no espaço e delimitação de regiões. Ele constatou que, desde a primeira série, as crianças conseguem dar e receber informações sobre sua localização em espaços como a sala e a escola.

No entanto, nem sempre se mostraram capazes de selecionar pontos de referência adequados e nas representações gráficas usaram elementos bastante supérfluos para indicar posição. Nas séries seguintes, observou-se uma melhora nas produções gráficas, com seleção de elementos importantes, e suas representações aproximaram-se mais de mapas/croquis do que os desenhos dos alunos da primeira série.

Outro aspecto observado foi a dificuldade das crianças da primeira série – quando comparadas com as das séries seguintes – em relação à nomenclatura específica (esquerda, direita), ao uso da folha de papel, à proporção dos desenhos, assim como aos questionamentos levantados a respeito das próprias representações. No trabalho com gráficos cartesianos, o fato de haver distâncias a serem colocadas nos eixos vertical e horizontal não foi de simples compreensão para as crianças.

Para a autora, é importante colocar as crianças em situação-problema para que possam tomar consciência de sua localização. O uso de gráficos levou os alunos a perceberem a existência de dois eixos, um horizontal e um vertical, nos quais "foram representadas as medidas de duas grandezas e o gráfico permitiu fazer a correspondência de cada valor de uma delas (do eixo horizontal) com a outra (eixo vertical)" (CAMPOS, 2000: 46).

Pode-se afirmar que "as competências trabalhadas nessas atividades não foram adquiridas espontaneamente pelos alunos de 7/10 anos, mas exigiam uma aprendizagem organizada que lhes permitiu confrontar-se e superar dificuldades inerentes à leitura de mapas" (CAMPOS, 2000: 46).

2.3 A construção do espaço e sua relação com o desenvolvimento da criança e a aprendizagem da leitura e da escrita

Nota-se, no dia a dia das crianças que apresentam um atraso no desenvolvimento da construção do espaço, algumas dificuldades em ocupar e posicionar o corpo no espaço, assim como dificuldades em escrita e leitura.

No que diz respeito ao posicionamento do corpo no espaço, verifica-se que nas aulas de ginástica essas crianças permanecem apenas em um canto da sala em vez de explorar todo o espaço, e não se posicionam corretamente, mesmo quando tentam imitar outras pessoas.

Quando necessitam explicar sobre sua localização ou mesmo se deslocar, essas crianças não utilizam muito bem os termos de ação, tais como subir, virar à direita, avançar, recuar, e nem os compreendem. Na verdade, apresentam dificuldade para perceber, em seu próprio corpo e, consequentemente, no corpo dos outros, a diferença direita-esquerda.

Como consequência podem, ainda, apresentar sérias dificuldades para se organizar, espalhando seus objetos pela casa de forma desordenada; não conseguem encontrar um objeto no armário, esbarram em tudo o que encontram pela frente quando se locomovem e se mostram indecisas quando têm que desviar de algum obstáculo.

Essas crianças estão quase sempre se chocando com os colegas no horário do recreio, percebem mal a distância entre os objetos e não conseguem se localizar com os olhos fechados.

No que diz respeito à escrita e à leitura, Gonzalez e Goñi (1987) elegem os subsistemas infralógicos espaciais (topológico, projetivo e euclidiano) como os sistemas das coordenadas espaciais de maior importância.

Desse ponto de vista nas relações topológicas, uma letra e uma palavra (escrita ou lida) implicariam uma decomposição e posterior reconstrução dos elementos próximos que fazem tais configurações. No mais seria necessário respeitar a ordem de localização e as alternativas de localização dos elementos, levando a alterações globais.

O desenho adequado das letras supõe dissociar a sequência de movimentos que configuram sua forma e logo integrá-los segundo uma ordem de localização adequada. Se assim não for, o resultado final será distorcido severamente, produzindo uma troca de letras. Assim o desenho de letras, como *d* e *q*, supõe movimentos semelhantes com troca de direções.

Referidos a uma palavra, escrita ou lida, a ausência desses agrupamentos provocaria alterações desse todo. Por exemplo: em lugar de sopa produziria ospa.

Para que esse todo não seja alterado, necessita também respeitar a reciprocidade de proximidade. Por exemplo, na palavra manteiga, se observa a proximidade de *m* e *n*.

Apoiados nos conceitos aqui expostos, trataremos de caracterizar a leitura e a escrita fundadas nas relações topológicas (6 a 8 anos), segundo Gonzalez e Goñi (1987):

1) É difícil reconhecer as palavras como unidades: elas formam um contínuo difícil de ser partido e ordenado. É por isso que a escrita espontânea une palavras ou as separa de forma incorreta. Neste ponto é necessário recorrer a um suporte auditivo ou visual, dado pelo professor, para efetuar tais discriminações.

2) É necessário que leve a cabo um processo de retroalimentação positiva e negativa a respeito do ato grafomotor que possibilite integrações progressivas dos distintos aspectos resistenciais das letras e das palavras. Ao mesmo tempo, necessita-se do apoio auditivo como um reforço que assegure uma produção exitosa. Assim se conseguirá obter uma homeomorfia a respeito dos modelos apresentados, prescindindo de tamanhos, medidas, formas de deslocamentos e coordenação de diferentes pontos de vista.

3) Quando se evoca uma letra em uma palavra, não é somente a letra senão toda a palavra, porque é a única regulação possível perante essa perturbação, construindo uma ordem de sucessão simples e que carece de uma organização dos deslocamentos propriamente ditos.

4) É importante que se utilizem a letra escrita ou impressa e a margem como referenciais a serem respeitados. Exemplo: ao escrever, as crianças que não conservam a horizontalidade da letra escrita ou impressa como sistema de lugar; e, ao ler, se perdem em espaço organizado segundo sistemas de referenciais convencionais. Esta organização é excessiva para ser compreendida por seus esquemas. Deve ter em conta, ao mesmo tempo, a direção dos deslocamentos, de esquerda e direita, a utilização de maiúscula e minúscula; ao

concluir uma linha escrita ou impressa, continuar na linha imediatamente inferior.

Tendo por base os estudos de Gonzalez e Goñi (1987) e de outros teóricos, como Oliveira (1997) e De Lièvre e Staes (1992), citam-se outras dificuldades apresentadas pelas crianças com relação à escrita e à leitura, fundadas nas relações topológicas. Dentre as dificuldades, cabe mencionar que, ao desenhar, as crianças se concentram em apenas uma parte da folha quando dispõem de uma folha inteira. Elas não se limitam ao espaço das linhas e saem fora do espaço predeterminado entre as linhas paralelas do caderno.

As crianças podem apresentar dificuldades em posicionar um número em relação aos demais, copiar títulos do quadro posicionando corretamente as letras.

Nas contas de somar, a criança pode não conseguir alinhar bem as unidades, dezenas e centenas, assim como situar as datas, os títulos e os nomes sobre suas folhas de deveres.

Também apresentam, por vezes, dificuldade de discriminação visual entre: *b-d, p-q, n-u, 6-9, t-f* e, ao escrever, podem se esquecer do que vai mais alto ou mais baixo nas letras.

Quanto às relações projetivas, não foi encontrada sua aplicação direta na escrita, mas sim na leitura à distância. A criança, enfrentando a leitura do quadro ou de cartazes por diversos ângulos, deverá, a partir de diversos ângulos, manter a constância das formas, apesar das aparentes deformações provocadas pelo diferente enfoque ou ponto de vista (GONZALEZ & GOÑI, 1987).

Segundo as autoras, as relações projetivas são altamente significativas nas representações gráficas, nos desenhos espontâneos, cópias, projeções e desenhos nos quais a criança precisa mudar o ponto de vista, como, por exemplo, o desenho de um caminho que se perde ao longe ou as linhas de um trem.

No que diz respeito às operações euclidianas, a escrita e a leitura operatória têm como ponto de partida distintas referências que, sem alterar o conjunto de letras, obtêm diferentes totalidades significativas. Para poder ler e escrever as palavras sopa, paso, sapo, a criança deverá combinar as diversas letras (p, a, s, o) sobre diferentes pontos de referência. Assim, a criança pode formar várias palavras com os mesmos elementos constitutivos; no entanto, ao modificar o significante, modifica o significado.

As relações euclidianas asseguram não só as distâncias simétricas dos elementos, mas também as distâncias entre os lugares extremos. O envolvimento das distâncias assegura a conservação do lugar entre pontos extremos (letra inicial e final de uma palavra) e, portanto, a distância entre tais extremos. Isso, aliado à ordem dos deslocamentos, evitará que na leitura e na escrita de palavras se cometam tanto omissões como adições de letras.

Outro aspecto relacionado às relações euclidianas diz respeito à dificuldade que a criança encontra ao escrever na folha sem linhas, pois não consegue manter a horizontalidade ao escrever letras e palavras. Por sua vez, as letras entre si não podem estar coordenadas, senão não existiria o sistema de referenciais que as orientasse nas posições e tamanhos adequados. Podemos tomar como exemplo a letra **T** e a letra **L**, que devem respeitar relações de paralelismo entre si e de perpendicularidade ou com respeito à horizontalidade da linha, e as letras **L** e **l** minúsculas cursivas deverão respeitar as relações adequadas de medidas para evitar a confusão entre elas.

Tendo por base a análise das autoras e demais autores citados anteriormente, é possível identificar, também, as dificuldades na aprendizagem da escrita com inversões de letras, de sílabas, denotando uma insuficiência de análise perceptiva dos diferentes elementos do grafismo. A criança pode escrever 12 em vez de 21, "car" em vez de "rac".

A criança geralmente esquece o sentido no qual se efetua uma operação, não conhece a sucessão das operações a fazer e apresenta dificuldade em utilizar arquivos de cadernos com intercaladores. Apresenta dificuldade para respeitar a direção horizontal do traçado e os limites da folha. Acumula as palavras ao perceber que a folha vai terminar, ou continua a escrever na folha contínua.

A criança entre 9 e 10 anos enfrenta a leitura e a escrita com mínima perturbação quando conquista operatoriamente as relações euclidiano-projetivas, pois tem a capacidade de compensar de forma progressiva as relações construídas.

No contexto escolar, verifica-se que, segundo Grossi (1990), antes de se preocupar com a forma das letras, a criança está interessada em suas propriedades topológicas, como ter ou não uma parte fechada ou aberta, como por exemplo as letras "B" e "C", onde a primeira tem dois interiores e a segunda não tem nenhum. O aluno aprende a articular as partes da letra, o que corresponde a um aspecto topológico que faz parte das preocupações cognitivas. Por outro lado, as letras e os números também devem aparecer no espaço do papel de forma organizada, ordenados ao longo de uma reta, sendo imprescindível o espaço entre as palavras e frases, o que requer do sujeito coordenadas topológicas.

Esses dados mostram que a construção do espaço se dá num processo constante e contínuo, iniciado pelas relações topológicas até as relações projetivas e euclidianas.

Todas essas relações possibilitam à criança ter uma melhor percepção do espaço, tanto em sua vida diária, auxiliando na identificação e conceituação dos contrastes, como no plano gráfico, no qual a representação de cada uma dessas relações espaciais se faz muito presente e necessária.

Segundo Gonzalez e Goñi (1987), as crianças em geral são expostas à aprendizagem da leitura e da escrita em um momento no qual não se encontram em condições psicológicas para realizá-la de forma operatória e bem-sucedida. Isso dificulta o vínculo afetivo com a aprendizagem em geral, conduz a modos de pensamento rígidos e estáticos, pode ser a causa para o impedimento de uma atitude criadora e livre ante esta situação vital humana: a aprendizagem, que em última instância é a escolha que nos conduz a optar entre uma atitude de vida pensante livre e criadora ou uma atitude de excessiva acomodação que conduz à submissão e à paralisação.

3
O uso do jogo como estratégia de aprendizagem

*No jogo, podem-se encontrar respostas,
ainda que provisórias, para perguntas que
não se sabe responder.*

Lino de Macedo

Atualmente tem-se falado muito sobre a importância dos jogos e brinquedos, que são reconhecidos como meios de fornecer à criança um ambiente agradável, motivador, planejado e enriquecido, de forma a estimular, na criança, a curiosidade, a observação, a intuição, a atividade, favorecendo seu desenvolvimento pela experiência. Esse interesse e essa valorização do brincar na educação não são recentes; sua importância foi demonstrada já na educação greco-romana, com Aristóteles (384-322 a.C.) e Platão (427-348 a.C.).

A partir de então, muitos teóricos, como Montaigne (1533-1592), Comênio (1592-1671), Jean-Jacques Rosseau (1712-1778), Pestalozzi (1746-1827) e outros, frisaram a importância do processo lúdico na educação das crianças.

Froebel (1782-1852), discípulo de Pestalozzi, foi o primeiro pedagogo a incluir o jogo no sistema educativo. Para Almeida (1998: 23), "o grande educador faz do jogo uma arte, um admirável instrumento para promover a educação para as crianças". E acrescenta que a melhor forma para conduzir a criança à atividade, à autoexpressão e à socialização seriam os jogos, considerados como fatores decisivos na educação das crianças.

No Brasil, especificamente, o surgimento do brinquedo educativo/pedagógico se deu na década de 70, e a ênfase a ele atribuída como veículo de desenvolvimento ocasionou, a partir do final daquela mesma década, uma priorização dos jogos no contexto educacional, que refletiu também no contexto familiar e social.

Associado à ideia de facilitador do desenvolvimento infantil, o brinquedo educativo/pedagógico foi uma resposta aos pais e educadores em geral diante da necessidade de estimulação das crianças e da criação de novas e variadas situações e oportunidades de exploração do meio ambiente.

Essa necessidade de estimulação tem sido uma preocupação constante, e é questionada especialmente hoje, "com o surgimento de novas formas de lazer moderno e a fabricação de brinquedos eletrônicos e mecânicos", os quais acabam fazendo com que o lúdico se torne uma atividade passiva e limitada, dando à criança apenas a incumbência de espectadora de sua ação, ficando desprovida de qualquer esforço ou criatividade, desvinculada de participação ativa (ARAÚJO, 1992: 14).

Mas o que seria então o jogo ou brinquedo? Segundo Bomtempo (1988: 25):

> A palavra jogo refere-se, geralmente, àquele tipo de brinquedo ou brincadeira que termina em perdas e ganhos, isto é, ao jogo de regras. Quanto à palavra brinquedo, refere-se não só à atividade de brincar como qualquer objeto que for utilizado pela criança ao brincar, seja ele industrializado, artesanal, feito pelas pessoas que convivem com a criança ou pela própria criança.

Na visão da autora, existe uma diferença entre esses dois termos, que os define e os caracteriza em sua especificidade.

Para Freire (1994: 116), há uma grande confusão a respeito desses termos, pois as palavras brinquedo, brincadeira e jogo em nossa língua pouco se diferenciam: "Brincadeira, brinquedo e jogo significam a mesma coisa, exceto que o jogo implica a existência de regras e de perdedores e ganhadores quando de sua prática".

O autor comenta que, mesmo se forem detectadas diferenças na prática dessas atividades, faltam termos específicos para elas, de forma que os "livros a respeito desse assunto referem-se às vezes a jogo e outros brinquedos para designar a mesma coisa, ou, ao contrário, para atividades que parecem diferentes, usam apenas jogo ou apenas brinquedos" (FREIRE, 1994: 116).

Independentemente da terminologia utilizada, as pesquisas enfatizam que os jogos trazem benefícios, visto que possibilitam desenvolvimento e excitação mental, desenvolvem a memória, atenção, observação, raciocínio, criatividade e contribuem favorecendo a desinibição. De forma natural, o jogo reforça o prazer de jogar, anima, estimula e dá confiança ao vencedor, proporcionando contentamento e orgulho. Assim, a criança aprende a definir valores, formar juízos, fazer escolhas. A linguagem torna-se mais rica por meio da aquisição de novas formas de expressão.

Claparede (1958) pondera que a criança é um ser feito para brincar e o jogo é um artifício que a natureza encontrou para envolver a criança numa atividade útil ao seu desenvolvimento físico e mental.

É, portanto, na situação de brincadeira que as crianças podem colocar desafios e questões de seu comportamento diário, levantando hipóteses na tentativa de compreender os problemas que lhe são postos pelas pessoas e pela realidade com a qual interagem.

A brincadeira e o jogo também possibilitam à criança o desenvolvimento da curiosidade, da iniciativa, da autoconfiança, assim como experienciar situações de aprendizagem que favoreçam a linguagem, o pensamento, a concentração e a atenção (CUNHA, 1998).

Devido à influência que exerce no desenvolvimento infantil, o jogo é utilizado pela escola como um recurso muito eficaz para a realização de atividades com fins educativos. A esse respeito, Kishimoto (1998) acrescenta que o jogo foi incluído no sistema educativo como um suporte da atividade didática, visando à aquisição de conhecimentos, de forma que tem conquistado um espaço definitivo na educação infantil.

Para a autora, qualquer jogo pode ser utilizado na escola, desde que se respeitem a natureza do ato lúdico, a liberdade e a manifestação da criança, pois se essas condições forem garantidas, a função pedagógica subsidiará o "desenvolvimento integral da criança", e o jogo poderá ser designado como jogo educativo, indispensável ao desenvolvimento infantil.

Nessa perspectiva pedagógica, Kishimoto (1998) define o jogo como sendo educativo, uma vez que nasce como uma mistura entre o jogo e o ensino, e atualmente é um aliado do professor em sua tarefa diária de ensinar e instruir seus alunos.

Partindo dessa concepção educacional, Kishimoto (1998:22) caracteriza o jogo educativo da seguinte forma:

> 1) Sentido amplo: como material ou situação que permite a livre exploração em recintos organizados pelo professor, visando ao desenvolvimento geral da criança; e
>
> 2) Sentido restrito: como material ou situação que exige ações orientadas com vistas à aquisição ou treino de conteúdos específicos ou de habilidades intelectuais. No segundo caso recebe, também, o nome de jogo didático.

Visto desse prisma, o jogo pode ser utilizado no contexto escolar sem, contudo, se transformar em uma diversão e sem esquecer que o objetivo da escola é transmitir conhecimento e proporcionar à criança um desenvolvimento integral.

É importante, portanto, que se compreenda que o trabalho que se desenvolve na escola "deve ser mais que um jogo e menos que um trabalho (restrito)"; é necessário que haja equilíbrio entre esforço e prazer, instrução e diversão, educação e vida (ALMEIDA, 1998: 61).

Para a psicologia genética, o jogo pode ser um meio muito valioso para a estimulação dos mecanismos, construção e desenvolvimento da inteligência, bem como pode tornar mais prazerosas atividades como leitura, escrita e matemática (PIAGET, 1974; KAMII & DEVRIES, 1991).

Os jogos são, na ótica de Piaget (1971), meios que contribuem para o desenvolvimento da criança e o enriquecem, pois é através da atividade lúdica que a criança assimila ou interpreta a realidade. Em seus estudos, ele propõe que "a escola possibilite um instrumental à criança para que, por meio de jogos, ela assimile as realidades intelectuais, a fim de que estas mesmas realidades não permaneçam exteriores à sua inteligência" (BRENELLI, 1996: 21).

Considerando a importância do jogo, Piaget (1971) analisa seu desenvolvimento relacionando-o ao desenvolvimento cognitivo, e descreve os tipos de jogos como: jogos de exercício, simbólicos, de regras e de construção. Os jogos de exercício se caracterizam como a atividade lúdica da criança no período de desenvolvimento sensório-motor, que compreende em média os 18 primeiros meses de vida. Esses jogos colocam em ação vários comportamentos, sem modificar suas estruturas, exercitando-as unicamente pelo próprio prazer que se encontra em seu funcionamento.

A princípio parece ser apenas repetição mecânica de gestos automáticos, isto é, a criança age para ver o que sua ação vai produzir, sem que se caracterize como uma ação exploratória.

Por volta de dois anos, esses movimentos físicos passam a ser dirigidos e aplicados segundo uma ordem "intencional". A criança adora rasgar, pegar no lápis, mexer com as coisas, encaixar objetos nos lugares, montar e desmontar, dando aos exercícios uma intenção inteligente e uma evolução natural de sua coordenação. Essas manifestações são expressões de puro simbolismo representado na mente.

Pode-se, então, falar em jogo simbólico, que implica a representação de um objeto por outro, na atribuição de novos significados a vários objetos. Nesse jogo, a ênfase se dá à simulação ou faz de conta, cuja importância é ressaltada por pesquisas que mostram sua eficácia para promover o desenvolvimento cognitivo e afetivo social da criança.

Piaget (1971) relata que, nessa forma de jogo, a criança assimila o mundo à sua maneira, sem compromisso com a realidade, pois sua interação com o objeto não depende da natureza desse objeto, mas da função que a criança lhe atribui. Esse jogo se apresenta inicialmente solitário e, depois, evolui para o estágio de jogo sociodramático, no qual ocorre a representação de papéis, como brincadeira de médico, de pai e filho e outros.

Ao final do curso do desenvolvimento, entre os 4 e os 7 anos, intensificando-se na idade de 7 a 11 anos, aparecem os jogos de regras que, ao contrário do jogo simbólico, supõem, necessariamente, relações sociais ou interindividuais.

Para a autora deste estudo, os jogos de regras assumem uma importância muito grande por serem característicos da faixa etária de 7 a 11 anos, período em que a criança já se encontra no ensino fundamental, o qual é objeto desta pesquisa.

O aparecimento dos jogos de regras coincide, segundo Piaget (1971), com a fase de desenvolvimento cognitivo operatório concreto. Nessa fase, os esquemas se coordenam em esquemas reversíveis, em operações lógicas, infralógicas e aritméticas. Essas operações tornam a criança capaz de aplicar os novos conhecimentos às suas relações com o mundo.

Outra característica desse período é o raciocínio indutivo e dedutivo, pelo qual a criança pode partir da experiência e atingir princípios gerais.

As operações que a criança executa ainda são concretas, relacionadas diretamente aos objetos e materiais, pois ela não consegue apenas por proposições verbais chegar às operações.

A criança de 7 a 8 anos não se mostra capaz de prever todas as possíveis jogadas e planificar estratégias, pois centra-se mais na jogada atual. A criança do período formal (12 anos em diante), pode finalmente trabalhar com hipóteses verbais e deduções (raciocínio hipotético-dedutivo).

Para Piaget (1971: 183) os jogos de regras são:

> Jogos de combinações sensório-motoras (corridas, jogos de bola) ou intelectuais (carta, xadrez etc.), com competição dos indivíduos (sem o que a regra seria inútil) e regulamentados quer por um código transmitido de gerações a gerações, quer por acordos momentâneos.

A regra, conforme Piaget (1971), é algo imposto pelo grupo como combinados arbitrários que o inventor do jogo ou seus proponentes fazem e que os jogadores aceitam por sua vontade, não podendo, portanto, ser violada.

Em atividades de competição com regras, a fiscalização de seus atos é mais severa e as probabilidades de burlar tais regras caem verticalmente. Assim, a criança tem consciência de que quem foge das regras ou as burla não pode mais participar.

Mesmo sendo uma atividade lúdica da criança socializada, o jogo de regras se desenvolve continuamente durante toda a vida, e se constitui num veículo educacional muito importante.

Essa modalidade de jogo é uma característica do ser suficientemente socializado, que pode, portanto, compreender uma vida de relações mais amplas. Representa as coordenações sociais, as normas a que as pessoas se submetem para viver em sociedade e pode se constituir, segundo Freire (1994), em uma das formas mais avançadas de jogo, uma das que mais ocupam a criança desde a pré-escola.

Para Macedo et al. (1997: 151), o jogo de regras possibilita à criança, além do desenvolvimento social, a possibilidade de "aprender a raciocinar e demonstrar, questionar, o como e o porquê dos erros e acertos". Os autores ressaltam que

> uma vez que o jogo de regras trabalha com hipóteses, é possível nele testar variações, controlar as condições favoráveis, observar o desenvolvimento da partida, medir os riscos, pesquisar, enfim, produzir conhecimento, comparável ao produzido pelo método científico.

Sendo assim, as atividades que os jogos de regras proporcionam estimulam as operações de pensamento, colocando a criança diante de situações e desafios criativos que exigem que ela reflita e busque alternativas para solucionar a situação-problema.

Nessa interação entre criança e objeto (jogo), constata-se o desenvolvimento de vários aspectos, tanto da moralidade – na medida em que a criança interage com os outros jogadores, exercitando a necessidade de ser solidária e cooperativa – como do aspecto cognitivo e psicomotor, quando faz relações e construções espaciais (MACEDO et al., 1997).

Por sua vez, o jogo de construção se caracteriza como uma transição entre os jogos simbólicos e os de regras, situando-se a meio caminho entre o jogo e o trabalho inteligente, ou entre o jogo e a imitação (PIAGET, 1971).

Nessa modalidade lúdica se estabelece uma espécie de transição entre o jogo simbólico e o jogo social. É a forma mais evoluída de jogo, e é marcada pela cooperação, na qual o significante confunde-se com o próprio significado, pois em vez de representar um objeto qualquer, a criança realmente o constrói.

Nos últimos anos, várias pesquisas vêm se concentrando no estudo do jogo e sua importância no contexto educacional. Petty (1995), por exemplo, analisou a importância e as contribuições dos jogos de regras para a prática pedagógica, segundo uma perspectiva construtivista. Para tanto, fez um estudo tendo como fundamentação os trabalhos atualmente desenvolvidos no Laboratório de Psicopedagogia da USP (LaPp): posições de Piaget, Macedo, Huizinga, Caillois e Chateau.

A autora também fez uma análise e reflexão construtivista de alguns jogos como o Senha, Quatro Cores, Ta-Te-Ti e Pega-Varetas, levantando aspectos sociais, cognitivos, afetivos e motores. Nas conclusões, Petty (1995: 125) destaca a importância de se ter claro qual o lugar do jogo de regras no contexto escolar, insistindo na possibilidade de servir como atividade complementar. Ela propõe que o trabalho em sala de aula possa ser "desenvolvido por meio de um aproveitamento dos jogos como recurso auxiliar, tanto no que se refere ao estímulo e exercício de aspectos exigidos também para a realização de tarefas escolares como para tornar certos conceitos muito abstratos mais acessíveis aos alunos".

Visto dessa forma, o jogo pode auxiliar no ensino de conteúdos escolares ou estar associado a questões mais gerais, como organização, atenção, concentração e disciplina.

Também Abreu (1993) destacou, em sua pesquisa, a importância do jogo no contexto escolar, propondo uma intervenção pedagógica com o jogo Senha. Para tanto, trabalhou com crianças de 5 a 10 anos de idade de uma escola particular: foram realizadas três sessões com cada sujeito. Os dados foram organizados e apresentados segundo classificação em níveis descritos por Piaget (1971), via análises de caso prototípico. O objetivo da análise era a elucidação das ações dos sujeitos em situações-problema. Com base nessas análises, a autora discute a importância do uso de jogos de regras no contexto pedagógico como um meio de propor situações-problema significativas para os alunos, que podem dizer respeito aos conteúdos programáticos do sistema educacional (conceitos, fatos e princípios e procedimentos), enfatizando a adequação dos mesmos ao contexto escolar.

Nesse sentido, Puglisi (1997) teve como objetivo verificar como o jogo didático contribui com o processo ensino-aprendizagem, criando um ambiente de interesse e prazer para os envolvidos, alunos de primeira a quarta série do primeiro grau e seus respectivos professores.

Inicialmente, os professores foram entrevistados para que caracterizassem suas práticas e depois formou-se um grupo que já utilizava o jogo em suas salas de aula. Posteriormente, a pesquisadora discutiu e criou, junto com os professores, alguns jogos, os quais foram aplicados pelos professores em suas turmas. Em seguida, foram analisadas as observações realizadas pelos professores e alunos, de acordo com a teoria de Freinet e Vygotsky.

As conclusões apontam para o fato de que os professores utilizaram os jogos com prazer, o que de certa forma interferiu na postura adotada por eles em sala de aula. Ao se posicionarem mais próximos de seus alunos, os professores criaram uma atmosfera em suas salas onde havia envolvimento de todos, atuando como facilitadores do processo, pois as crianças demonstraram maior interesse e maior participação ao procurarem a professora para solicitar informações. Dessa forma, o jogo promoveu um clima de envolvimento entre os participantes, tornando o espaço de ensino-aprender mais significativo.

Segundo o pesquisador, "fato importante levantado pelos professores é que o jogo didático influenciou na aprendizagem, porque criou um ambiente favorável, motivador, fazendo com que as relações professor-aluno e aluno-aluno fossem mais significativas, havendo prazer na participação" (PUGLISI, 1997: 149).

Arantes (1997) fez um estudo teórico a respeito das ideias de Piaget sobre os jogos, analisando as obras O *juízo moral na criança* e *A formação do símbolo na criança: imitação, sonho, imagem e representação*. Ao final, o autor discutiu as possibilidades do uso do jogo na educação.

O autor deixa claro que a aplicação do jogo na escola não deveria ser negligenciada, nem ser vista como mero descanso. Com base na teoria de Piaget (1971), ele afirma que considera justamente o contrário: o jogo tem uma função fundamental, já que é pura assimilação e, enquanto tal, poderia auxiliar a assimilar conteúdos, que poderiam se manter exteriores à inteligência.

Para Arantes (1997: 101),

> se a criança consegue memorizar um código complexo de regras, envolvendo sobreposições e exceções, e se no contexto escolar não consegue memorizar regras mínimas, pode-se supor que existe um ponto crítico: as atividades, tal como desenvolvidas na escola, não estimulam a participação da criança.

Visto desta forma,

> pode-se pensar então em aproveitar a situação de jogo na escola, desenvolvendo-se atividades que divertiriam os alunos, ao lado de permitirem trabalhar um conteúdo específico: além disso, seria possível se pensar em criar situações, ligadas a uma determinada disciplina, nas quais o sujeito se envolvesse em refletir e pensar como elaborar regras que digam respeito ao "jogo" desta disciplina (ARANTES, 1997: 101).

O trabalho de Arantes, baseado nos estudos de Piaget, reafirma ainda mais a importância do uso dos jogos na educação, não como um mero instrumento didático, mas como um recurso que permite maior relação entre os conteúdos de diferentes disciplinas e maior possibilidade de atuação conjunta entre os alunos.

Rabioglio (1995) também destacou a importância do jogo na educação, propondo uma intervenção pedagógica com o jogo Pega-Varetas. Em seu trabalho, fez uma análise da relação jogo-escola, discutindo a visão de professores sobre o jogo. Num primeiro momento realizou uma pesquisa com os professores para investigar suas diferentes concepções a respeito da relação jogo-escola e como veem seu próprio papel como educadores nesse contexto. Em seguida, foram desenvolvidas reflexões sobre essas questões, no intuito de instrumentalizá-los para a elaboração de um projeto pedagógico por meio da aplicação de um jogo tradicional. Posteriormente, foi elaborado um projeto de intervenção pedagógica com o jogo Pega-Varetas. Os sujeitos da pesquisa foram adultos, professores e crianças de pré-escola e primeiras séries do ensino fundamental (4 a 9 anos). Com os adultos, o jogo não foi alterado, mas com as crianças houve alterações na pontuação das varetas.

Concluiu-se que o jogo é importante para o processo ensino-aprendizagem. Para o autor, "é preciso diversificar e ampliar a gama de atividades escolares sobre as quais o aluno possa agir e refletir, possibilitando que o processo de ensino-aprendizagem não seja centrado e pautado apenas pela fala do educador" (RABIOGLIO, 1995: 141).

O autor justifica que o jogo tem um enorme potencial como recurso didático, que se deve ao fato de reunir três aspectos fundamentais para o ensino escolar.

> São eles: cultura (o jogo é um objeto sociocultural histórico), interesse do aluno (brincar é a atividade principal da criança) e conteúdos curriculares (diferentes jogos expressam diferentes conteúdos). Um quarto aspecto, não menos importante, são as relações e interações sociais mobilizadas pelo jogar em grupo, na medida em que nessa situação as crianças vivenciam regras, discutem, fazem negociações, levantam e testam diferentes hipóteses e, sobretudo, aprendem com o outro (seja ele o colega mais experiente, o professor ou o jogo) e consigo próprias (RABIOGLIO, 1995: 142).

Magalhães (1999) corrobora com Rabioglio (1995) ao afirmar que o jogo é um instrumento de aprendizagem das crianças. O autor, em sua pesquisa, analisa as estratégias e procedimentos de crianças no jogo de regras "cara a cara", pela perspectiva do construtivismo de Piaget e colaboradores. Participaram da pesquisa dois grupos de sujeitos: o primeiro grupo era constituído por 12 sujeitos, entre 8 e 13 anos de idade, distribuídos em três grupos, conforme a idade; o segundo grupo reuniu 12 sujeitos entre 7 e 13 anos.

Com o primeiro grupo realizou-se um conjunto de três a cinco partidas com cada um dos integrantes do grupo. Em seguida, realizaram-se partidas em duplas. Com o segundo grupo não se utilizou do tabuleiro do jogo e houve uma entrevista ao final sobre situações-problema relativas ao jogo.

Os resultados demonstraram que houve diminuição de erros e construção de procedimentos mais eficazes em função do aumento da idade e da experiência adquirida pelos sujeitos no desenrolar das partidas. Também foi possível destacar que a problematização de situações do jogo é uma boa estratégia de trabalho.

Guimarães (1998) enfatiza a necessidade de a escola repensar o processo ensino-aprendizagem que se propõe realizar, de forma a proporcionar, tanto aos professores quanto aos alunos, situações criativas de aprendizagem.

Em sua pesquisa, o autor teve como objetivo verificar em que medida uma intervenção pedagógica, via jogos de regras, seria favorável à construção da noção de multiplicação em crianças e buscar relações entre abstração reflexiva e construção da noção de multiplicação. Os sujeitos da pesquisa foram 17 crianças da terceira série do ensino fundamental.

Foram utilizadas no pré e pós-teste provas de abstração reflexiva, multiplicação e divisão aritmética. Organizaram-se seis sessões de intervenção com os jogos Pega-Varetas e Argolas. Na análise dos dados verificou-se que 13 dos 17 sujeitos apresentaram evolução em pelo menos um dos aspectos estudados, seja na abstração reflexiva ou na construção da noção de multiplicação.

Brenelli (1996) fez uma pesquisa com crianças da então terceira série do primeiro grau de escolas públicas de Campinas. Dela participaram 24 sujeitos de 8 a 11 anos de idade, subdivididos em dois grupos: experimental e controle. O objetivo da pesquisa era realizar uma intervenção pedagógica com crianças que apresentavam dificuldades de aprendizagem.

A dificuldade de aprendizagem era caracterizada pelos professores como falta de atenção, incompreensão e retenção dos conteúdos programáticos.

Foram aplicados pré e pós-teste nos grupos controle e experimental, constituídos de provas de conhecimento aritmético e provas operatórias. A intervenção pedagógica foi realizada com o grupo experimental, constando de dois jogos: cilada e quilles. Concluiu-se que a intervenção realizada com os jogos cilada e quilles permitiu aos sujeitos a aquisição de certas noções lógicas, tais como inclusão e multiplicação de classes.

Em se tratando especificamente do uso do jogo no desenvolvimento psicomotor, destacam-se alguns trabalhos, como os de Petry (1988), Aguiar (1998), Freire (1994) e Araújo (1992).

Para Petry (1988), as brincadeiras com o corpo auxiliam as crianças a compreender conceitos como: perto, longe, dentro, fora, mais perto, bem longe, em frente, atrás, alto, mais alto, em cima, embaixo, direita e esquerda. A autora explica que é por meio do corpo que a criança aprende e toma consciência do mundo, e o jogo é atividade própria da criança e está centrado no prazer que ele proporciona.

Segundo Aguiar (1998), o jogo é visto como um excelente recurso para a generalização e domínio de conceitos, o que é possível através do uso de jogos que envolvem a psicomotricidade e são mediados pela linguagem oral, motora, por objetos e figuras.

Freire (1994) menciona em seu trabalho que o jogo infantil não se constitui em pura assimilação, comprometida com a realidade. Por outro lado, o jogo leva em consideração o meio ambiente, os objetos físicos e sociais, sendo visto, portanto, como forma de ensinar conteúdos às crianças. Também se constitui como algo muito importante na educação motora a ser realizada na escola de primeira infância por se tornar muito significativo para as crianças.

Araújo (1992) procurou demonstrar como as atividades, embasadas na teoria do jogo de Piaget e nos aspectos do desenvolvimento psicomotor, podem alimentar e estimular o desenvolvimento total da criança.

O autor considera de extrema importância que se desenvolva uma prática que demonstre a valorização do jogo como fator de estimulação no trabalho da educação psicomotora. Sendo assim, é necessário rever os enfoques sobre a ludicidade, o jogo e o desenvolvimento da criança no curso de formação do profissional de educação física. Araújo afirma que, a partir das mudanças na formação dos profissionais, será possível obter mudanças na ação educativa levada a efeito nas escolas.

De uma forma geral, os estudos apontam para a necessidade do uso do jogo, uma vez que ele proporciona a criação de situações-problema que auxiliam no processo de ensino e aprendizado de conteúdos, além de torná-lo mais significativo para a criança por ser extremamente interessante e envolvente.

Partindo da premissa de que o jogo tem uma importância muito grande na vida da criança, sendo uma via de acesso para que ela possa despertar para o mundo e aprender coisas de um jeito prazeroso e motivador, esta pesquisa se norteará pelos trabalhos de Piaget, o qual tem, em particular, uma grande importância para a compreensão do jogo como um elemento pedagógico, como se constata em seus estudos. Vale ressaltar que, dentro do contexto do jogo, será focalizado em específico o jogo de regras, por constituir uma modalidade de jogo adequada à faixa etária de 7 a 9 anos e por ser característico dessa idade.

4
Intervenção psicopedagógica por meio de atividades e jogos de regras
O desenvolvimento da estruturação espacial e escrita

O que não foi posto em questão nunca foi aprovado.

Diderot

O objetivo do presente trabalho foi propor e avaliar a eficácia de um programa de intervenção psicopedagógica por meio de atividades psicomotoras e jogos de regras, enfatizando a estruturação espacial em crianças que apresentavam dificuldade na escrita.

Para efeito de pesquisa, a escolha e a caracterização dos sujeitos foram obtidas da seguinte forma:

Inicialmente foi realizado um levantamento das escolas municipais e estaduais de Campinas. O critério estabelecido para a seleção da escola era que houvesse no mínimo quatro salas de segunda série; na sequência fez-se um sorteio para que uma das escolas fosse eleita para a realização da pesquisa.

Foram escolhidos, como sujeitos da pesquisa, as crianças que frequentavam a segunda série do primeiro grau das quatro classes da escola eleita, com idade cronológica variando de 7 a 8 anos de idade (110 crianças).

Todas as crianças foram avaliadas no pré-teste por meio de um instrumento elaborado pela pesquisadora, constando de um ditado de texto de 129 palavras e um ditado de 35 palavras adequadas para o ano escolar dos sujeitos. Para que os objetivos de apontar as diferenças entre os sujeitos pudessem ser significativos, fez-se a análise da média de erros e optou-se por trabalhar com os sujeitos que obtiveram desempenho abaixo da média, por tratar-se de sujeitos com dificuldades na escrita, descartando os sujeitos não alfabetizados e aqueles com melhor desempenho. As crianças escolhidas foram as que apresentaram o maior número de erros (35 crianças).

Em seguida, essas crianças se submeteram às provas de lateralidade e estruturação espacial, constantes do exame psicomotor proposto por Oliveira (2003), e a avaliação cognitiva por meio da prova piagetiana das coordenadas horizontal e vertical. Dos 35 (trinta e cinco) sujeitos avaliados, 16 (dezesseis) foram selecionados para compor o grupo experimental, ambos com baixo desempenho em escrita e estruturação espacial, tanto no plano psicomotor como cognitivo. Dos demais sujeitos foram sorteados 16, os quais foram descritos como grupo controle.

Os sujeitos do grupo experimental foram, então, submetidos a um programa de intervenção psicopedagógica. Nesta intervenção foram utilizados alguns exercícios psicomotores, com o objetivo de trabalhar com as crianças a representação do espaço, partindo de sua imagem corporal. Os exercícios propostos para a intervenção foram selecionados com a intenção de trabalhar as defasagens de nível espacial apresentadas pelas crianças tendo, por conseguinte, o significado de uma educação que conduz a uma conscientização melhor por parte da criança, de seu espaço de ação.

Partindo dessa premissa, foram selecionados alguns exercícios extraídos do livro *Educação psicomotora: a psicocinética na idade escolar*, de autoria de Le Boulch (1988), que foram adaptados para atender, a contento, aos objetivos da pesquisa.

Nesses exercícios foram trabalhadas as seguintes noções: situações (por meio dos seguintes conceitos: dentro, fora, no alto, abaixo, longe, perto, direita, esquerda); de tamanho (por meio dos conceitos de grosso, fino, grande, médio, pequeno, estreito, largo); de posição (pelas noções de em pé, deitado, sentado, ajoelhado, agachado, inclinado); de movimento (por meio dos conceitos de levantar, abaixar, empurrar, puxar, dobrar, estender, girar, rolar, cair, levantar-se, subir, descer).

Após a intervenção com os exercícios, foram utilizados os seguintes jogos de regras: Twister (fabricante Game Office), Reversi (fabricante Estrela) e Top letras (fabricante Estrela). Vale ressaltar que a forma de utilizar os jogos Reversi e Top letras foi extraída do livro *Las operaciones lógico matemáticas y el juego reglado*, de autoria de Gonzalez e Goñi (1987). Após um estudo apurado dos mesmos, a autora deste livro fez algumas adaptações e propôs algumas situações-problema, a fim de atender a contento aos objetivos da intervenção. A adaptação e análise do jogo Twister foi realizada pela autora do livro.

Os jogos foram selecionados tendo como princípio a conscientização do espaço no plano psicomotor e cognitivo, desde o nível da experiência imediata (jogo Twister) até o nível da representação (jogos Reversi e Top letras).

A intervenção foi realizada com os 16 sujeitos do grupo experimental, variando entre 11 e 13 sessões com cada criança, em dois encontros semanais de 45 minutos.

Para a utilização dos jogos, foram elaborados roteiros de intervenção a serem propostos aos sujeitos, constando de situações-problema relacionadas aos jogos. A análise dos jogos centrou-se nos seguintes itens: objetivo, regras do jogo, e roteiro de intervenção que contempla:

a) a aprendizagem do jogo;

b) jogo e situações-problema, os quais são destacados do contexto lúdico.

A seguir, serão apresentadas as análises dos jogos que foram utilizados durante a intervenção.

1. Twister

Objetivo

O objetivo principal deste jogo é trabalhar a orientação e a organização do espaço imediato da criança, enfatizando aspectos relacionados à destreza corporal, coordenação, equilíbrio e lateralidade. Este jogo implica a intervenção das operações topológicas e euclidianas.

Materiais

Um tapete com bolas coloridas pintadas e uma roleta.

Regras

Peça a todos os jogadores que fiquem descalços.

Abra e estique o tapete no chão, de modo que as bolas coloridas fiquem viradas para cima.

Coloque a roleta em uma mesa, chão ou qualquer outra superfície plana.

(A roleta é dividida em quatro partes, tendo em cada uma delas um membro do corpo: mão direita, mão esquerda, pé direito ou pé esquerdo. Dentro de cada parte, há quatro bolas de cores diferentes, iguais às do tapete).

Regras do jogo para 2 jogadores

Instruções

1) Vocês devem ficar de pé, um de frente para o outro, mas em lados opostos do tapete, perto do nome Twister.

2) Cada um de vocês coloca um pé sobre a bola amarela e o outro sobre a bola azul da primeira fileira de bolas do tapete.

3) Uma terceira pessoa será o juiz. Ele irá girar a roleta e falar em voz alta para que membro do corpo e para que cor de bola a seta está apontando.

4) Os jogadores devem se mover obedecendo às direções apontadas pela seta.

5) Quando os dois pés e as duas mãos de um jogador estiverem ocupando determinadas bolas, ele não pode mudá-las ou levantá-las do lugar antes de o juiz dizer quais as novas posições direcionadas pela roleta.

É importante ressaltar que o jogador só poderá levantar uma mão ou um pé de sua posição original para permitir que outro pé ou mão possa se movimentar para a direção apontada pela roleta.

Antes de realizar este movimento, é preciso avisar ao juiz.

Logo após o movimento, o jogador deverá recolocar a mão ou pé levantado na posição anterior.

6) Se três membros de cada jogador estiverem ocupando as mesmas cores de bolas, não restará nenhuma bola vazia dessa cor. O juiz, então, deve girar a roleta até que uma cor diferente seja apontada.

7) Com exceção do item 6, o jogador deve sempre mover o membro apontado pela seta para uma outra bola, mesmo que o jogador tenha que movimentar o mesmo membro para uma outra bola de mesma cor.

8) Quando um jogador cair ou deixar o joelho ou cotovelo encostar no tapete, o jogo acaba e o outro jogador é o ganhador.

Se sentir que, movendo-se para uma nova posição, é impossível se manter nela, o jogador poderá (se quiser) desistir do jogo.

Roteiro de intervenção com o jogo Twister

Aprendizagem do jogo

O objetivo desta etapa é ensinar o jogo aos sujeitos, permitindo que aprendam como utilizá-lo. Para a aprendizagem serão realizadas duas partidas. Nesta atividade o experimentador perguntará sobre os conhecimentos que os sujeitos têm sobre o jogo.

- Questões:

1) Vocês conhecem este jogo?

2) Vocês já jogaram este jogo? Como é que se joga?

3) Quem ganha o jogo?

A partir deste momento serão combinadas as regras do jogo e serão propostas três partidas.

Intervenção psicopedagógica com o jogo Twister

Análise das relações espaciais

Após o término das partidas, será solicitado ao sujeito que fale sobre as noções espaciais empregadas durante o jogo.

Para tanto, o experimentador colocará o sujeito em determinadas situações, de forma que ele tenha que responder às seguintes questões:

- Você está dentro ou fora do tapete?
- Qual o lado direito e o esquerdo do seu corpo?
- Para ficar na posição que saiu no marcador, você precisa caminhar para frente, para trás ou para o lado?
- Para ficar na posição que saiu no marcador o que você precisa fazer?
- A posição em que você está agora é acima ou abaixo da bola anterior?
- A posição em que você está agora é à direita ou à esquerda da anterior?

Como a organização espacial depende da tomada de consciência da situação do próprio corpo em um meio ambiente, o jogo Twister consiste em um momento muito rico para se desenvolver essa habilidade, pois a criança precisa se orientar, organizar e planejar estrategicamente as jogadas, a fim de alcançar os objetivos do jogo.

Para tanto, o experimentador solicitará aos sujeitos que respondam às seguintes questões:

- Quais são as possíveis posições que cada jogador pode assumir?
- O que você precisa fazer para ganhar o jogo?
- Os jogadores devem ficar de frente um para o outro. Assim que o experimentador ditar a ordem para o joga-

dor 1, o jogador 2 é quem terá que dizer onde o jogador 1 terá que colocar o pé ou mão.

- Ao ditar a posição do seu adversário, quais posições ele deve assumir de forma que ele ganhe o mais rápido possível o jogo?

Avaliação do jogo Twister

6 a 8 anos

A criança entre 6 e 8 anos se apoia nas relações topológicas e, portanto, nesta fase o espaço é apenas perceptivo. Ela se orienta tendo o seu corpo como referencial. Dessa forma, podem-se observar os seguintes comportamentos, apresentados em ordem de desenvolvimento:

1) Consegue se posicionar dentro e fora do tapete, pois já conhece esses termos e tem o reconhecimento proprioceptivo.

2) É capaz de se deslocar para frente, para trás e para os lados durante o jogo.

3) Desloca-se durante o jogo e fica em diversas posições, embora de forma estática, pois, apesar de ter adquirido as noções do todo e das partes de seu corpo, a imagem mental que possui do mesmo é algo estático, sem movimento.

4) Desloca-se de um lugar para outro obedecendo às instruções, porém, procura sempre o local mais próximo, mesmo que este lhe imponha um certo grau de dificuldade.

5) Desloca-se no tapete no sentido horizontal e vertical, apresentando dificuldade para visualizar jogadas na diagonal.

6) Preocupa-se apenas com a jogada atual e não é capaz de criar estratégias que lhe auxiliem nas jogadas futuras, isto é, não consegue antecipar jogadas.

7) Não é capaz de se orientar no jogo de acordo com os pontos de referência externos porque está centrada em seu próprio corpo.

8) A criança de 6 anos apresenta dificuldade no jogo: não identifica direita e esquerda em si mesma, conceito este assimilado a partir de 7 anos.

9) Dos 7 anos em diante, a criança é capaz de reconhecer o seus lados direito e esquerdo e de reconhecê-los quando cruza os membros durante o jogo, pois torna-se capaz de cruzar as instruções.

8 anos e 6 meses a 10 anos

A criança desta idade se encontra, segundo Le Boulch (1988), em processo de construção do universo euclidiano o que exige um certo nível da inteligência operatória. Nesta fase, é necessário que haja o manejo intelectual dos eixos, o que implica uma reintrodução de um corpo orientado que, finalmente, representa o verdadeiro sistema de referência.

Assim, além de se mostrar capaz de desenvolver todas as ações descritas para a idade de 6 a 8 anos, a criança de 8 anos e 6 meses a 10 anos se mostra capaz de executar as seguintes ações:

1) Identificar direita e esquerda em relação ao plano do tapete.

2) Reconhecer (dos 8 aos 9 anos) os lados direito e esquerdo do outro, face a face, pois inicia a reversibilidade. Sendo assim, consegue se organizar em relação ao jogo ou mesmo orientar o colega na execução de suas ações.

3) Organiza-se em relação ao espaço de que dispõe no tapete do jogo por não estar mais centrada somente no próprio corpo, mas nos pontos de referência que são exteriores ao

sujeito, podendo ela mesma criar os pontos de referência que irão orientá-la.

4) Desloca-se, durante o jogo, nas direções horizontal, vertical e diagonal.

5) Dispõe de uma imagem de corpo operatório, sendo capaz de efetuar, programar e organizar suas ações em pensamento.

2. Reversi

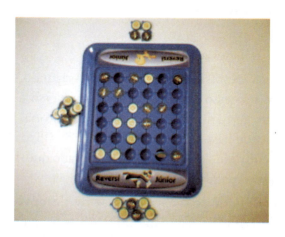

O jogo "Reversi", também conhecido como "Othello", foi inventado na Inglaterra, no final do século XIX, e tem características similares aos jogos asiáticos "Go" (de posicionamento e captura por cerco) e "Shogi" (em que peças do adversário capturadas passam a ser suas), embora seja mais fácil. Após um período de sucesso no final do século passado, o jogo ficou relativamente esquecido até a década de 70, quando foi relançado no Japão com o nome de Othello, sendo difundido nos Estados Unidos e na Europa. Já existem inclusive competições do jogo. No Brasil já foi lançado também como Preto no Branco e como Einstein.

Objetivo

O objetivo do jogo é fazer com que, no final da partida, haja o maior número possível de fichas do seu personagem no tabuleiro.

Em uma perspectiva do desenvolvimento do espaço, o objetivo principal é trabalhar as noções espaciais e orientações que o sujeito possui, a partir de situações práticas. Tem-se também, como objetivo, proporcionar situações nas quais o sujeito tenha que antecipar possíveis jogadas e estratégias que envolvam a memória e a organização espacial. O jogo também implica a intervenção das operações topológicas e euclidianas.

Materiais

36 fichas (18 Piu-Piu e 18 Frajola), 2 adesivos para o tabuleiro.

Regras

Ao começar, o tabuleiro está vazio. O jogo consiste em ir colocando alternadamente uma ficha por vez: Um jogador sempre as põe com o lado do Piu-Piu e o outro com o lado do Frajola para cima (cada jogador tem 18 fichas).

As quatro primeiras fichas são colocadas nas quatro casas centrais: duas com a face do Frajola e duas com a face do Piu-Piu para cima.

Depois que foram ocupadas as quatro casinhas centrais, é obrigatório que cada nova ficha colocada deixe "fechada" entre duas fichas do seu personagem uma ficha ou uma linha de fichas do adversário.

Cada vez que um jogador cerca uma ficha de outro personagem em duas extremidades, ela é virada, isto é, muda de personagem e de dono. Portanto, as fichas não podem ser colocadas no tabuleiro em qualquer posição; deve-se ter sempre como objetivo cercar uma ou mais fichas adversárias. As fichas podem ser cercadas em qualquer uma das direções: vertical, horizontal e diagonal.

Sempre se fecha entre duas fichas próprias; o fechamento se faz sempre com a ficha que se põe dessa vez. Não são aceitos os fechamentos indiretos que podem aparecer por fichas que foram colocadas anteriormente.

Sempre que se põe uma nova ficha, é obrigatório que seja feita alguma captura, que tem de estar, necessariamente, na mesma linha da ficha atacante. Não é possível, então, virar as fichas que não estejam na mesma linha. Se o jogador colocar a ficha no local errado e ela não lhe der o direito de virar outra, o jogador obrigatoriamente deve retirá-la do tabuleiro e passar a vez ao outro jogador.

O jogo segue até que as 36 casas fiquem ocupadas, ou até que nenhum dos jogadores possa jogar, porque ficou sem fichas ou porque não tem lugar onde colocar e o que capturar.

Ganha quem tem mais fichas no tabuleiro.

Roteiro de intervenção com o jogo Reversi

Aprendizagem do jogo

O objetivo desta etapa é ensinar o jogo aos sujeitos, permitindo que aprendam como se joga com a realização de duas partidas.

Nesta atividade, o experimentador perguntará sobre os conhecimentos que os sujeitos têm sobre o jogo.

• Questões:

1) Vocês conhecem este jogo?

2) Vocês já jogaram este jogo? Como é que se joga?

3) Quem ganha o jogo?

A partir deste momento serão combinadas as regras do jogo e serão propostas três partidas.

a) Análise das relações espaciais

Estas situações têm como objetivo trabalhar as noções espaciais e as orientações que o sujeito possui, a partir de questões elaboradas envolvendo o modelo de tabuleiro e a colocação inicial das fichas.

Ao final do jogo, o experimentador fará as seguintes perguntas ao sujeito, a fim de obter informações sobre o conhecimento que o mesmo possui sobre orientação e noções espaciais:

- Vamos supor que temos três fichas para pôr no tabuleiro. Em qual localização colocaríamos?
- Descreva como você organizou as fichas e descreva as direções ocupadas.
- Em que direção você começou deslocando suas peças?
- Quantas e quais direções você pode usar para deslocar cada peça?
- Como podemos ganhar o jogo?

As regras do jogo implicam a intervenção das operações euclidianas, por razões que detalharemos em seguida.

A norma fundamental deste jogo consiste em fazer com que uma ou mais fichas do adversário fique(m) entre duas fichas próprias, as quais podem estar nas direções horizontais, verticais ou diagonais. Para que isso seja possível, o sujeito deve dominar um espaço suficientemente ordenado segundo o sistema das coordenadas espaciais, pelo que deve ser capaz de efetuar multiplicações biunívocas e counívocas de elementos e relações. Isso, por sua vez, lhe permitirá tomar um mesmo elemento como referência recíproca de distintos sistemas de colocação. As fichas próprias a serem colocadas devem respeitar condições de ordem de colocação: necessariamente devem ocupar lugares vazios, cumprindo com o imposto pelas regras (fazer com que uma ou mais fichas do adversário fique entre(m) duas fichas próprias).

O sujeito deve ser suficientemente hábil para converter em próprias a maior quantidade possível de fichas, sempre e quando estrategicamente isso não represente um benefício para seu oponente nas próximas jogadas. O sujeito deverá ter conhecimento das coordenadas espaciais para que possa executar esta fase do jogo com êxito.

A resolução com sucesso requer uma antecipação sistemática de suas próprias jogadas e uma sucessiva acomodação de tais antecipações em função das jogadas que realize seu adversário. Por exemplo: efetivar localizações de fichas próprias que lhe possibilitam, em próximas jogadas, abarcar a maior quantidade possível de fichas colocadas em lugares privilegiados, que por sua vez servirão de referência de possíveis localizações que lhe assegurem ganhar cada vez mais posições no tabuleiro.

Os lugares ocupados por fichas ficam imóveis, na medida em que não podem ser percorridos por outros nem podem ser agregadas novas fichas. Mas, nesse estágio, há outra característica essencial deste jogo: o espaço assim conquistado por um dos jogadores pode ser convertido em domínio do outro quando cumprir o requisito de haver sido fechado entre duas fichas do oponente.

Para ilustrar as possibilidades de desafios, foram selecionadas algumas situações-problema. Em cada uma delas o jogador iniciará a partida dispondo as peças somente nas casas conforme indicação do experimentador. Nessas situações, o sujeito deverá se orientar e organizar espacialmente, antecipando e planejando suas jogadas de acordo com as perguntas apresentadas pelo experimentador:

- Como as peças estão distribuídas no tabuleiro?
- Em quais direções se pode converter em nossas as fichas do adversário?
- Quais jogadas seriam possíveis nesta determinada situação?
- Quais modificações são possíveis no jogo quando colocamos esta ficha neste determinado lugar?
- O que você faria para ganhar o jogo, partindo do jogo exposto no tabuleiro?
- Se você pudesse organizar o jogo no tabuleiro de forma que isso lhe garantisse ganhá-lo, como você faria?
- O que você faria se não pudesse tocar nesta peça que está no centro do tabuleiro até o último lance do jogo?

Nesse momento é interessante registrar todos os deslocamentos realizados na resolução do desafio, visando a reconstruir o caminho percorrido. Para tanto, as casas do tabuleiro serão numeradas a partir da primeira cavidade ao alto do lado esquerdo.

b) Análise do jogo

Entre 6 e 8 anos, aproximadamente, a criança anuncia a construção e generalização dos agrupamentos topológicos, e compreende o regulamento sempre e quando o adulto ou outro menino de nível superior lhe explica um mínimo de regras em uma linguagem acessível. Inicialmente, tende a colocar todas as fichas em sequência, tanto as que lhe pertencem quanto as que estão no tabuleiro.

Continua em forma unidirecional, atendendo aos deslocamentos horizontais e verticais, mas sem atender às posições diagonais. Devido à construção do sistema das coordenadas espaciais, não pensa simultaneamente nas transformações que se produzem no sentido horizontal e vertical, a partir do último deslocamento efetuado. Centra-se nas transformações que essa ficha ocasiona e na única direção por ela pensada.

Não toma consciência das outras modificações possíveis que esta ficha cria e, menos ainda, se o outro extremo do intervalo representado por uma ficha própria está afastado por vários lugares ocupados por fichas alheias. Esta é uma consequência também de uma das características próprias das crianças dessa idade: colocar as fichas sequenciadas. É por isso que tampouco pode planificar estratégias; apenas centra-se nas jogadas efetivas e atuais. Por isso, trata em cada jogada de passar para si a maior quantidade possível de fichas de seu adversário, mesmo que isto implique consequências negativas para alcançar êxito final.

A partir dos 9-10 anos, graças à construção dos agrupamentos euclídeo-projetivos, que lhe asseguram o manejo operatório do espaço em todas as direções ao mesmo tempo, a criança pode integrar progressivamente todas e cada uma das perturbações que lhe apresentam as regras deste jogo, assim como as diversas situações que geram as jogadas de seu adversário. É também capaz de, paulatinamente, julgar, planificando sistematicamente um conjunto de estratégias que impliquem benefícios para si. Situações tais como colocar fichas próprias em lugares privilegiados: os quatro vértices do quadrado, suas duas diagonais e seus quatro lados. Tem competência para abrir mão da quantidade de fichas antecipando benefícios futuros, como a conquista de lugares privilegiados, a aquisição de maior quantidade de fichas do adversário.

Este jogo resulta especialmente atraente para as crianças que dispõem de um nível operatório euclídeo-projetivo. No entanto, em crianças que já tenham construído formas reversíveis de pensamento, mas sem exceder o domínio topológico, este jogo favorece o processo construtivo do sistema das coordenadas espaciais, o que lhes abrirá a possibilidade de pensar, de uma vez, nas direções horizontais, verticais e diagonais.

À medida que se operam equilibrações maximizadoras, as crianças podem proceder de acordo com estratégias que respondam a um plano prévio, plano que longe de ser rígido e egocêntrico se tornará móvel em função das situações que cria, tanto por sua intervenção como pela de seu adversário.

3. Top letras

Objetivo

Tem-se como objetivo, ao usar este jogo, criar situações em que o sujeito consiga identificar as letras, organizá-las espacialmente de forma a compor palavras com sentido. Este jogo também implica a intervenção das relações topológicas e euclidianas.

Materiais

Um tabuleiro de jogo; 64 fichas de letras de plástico, 4 suportes de letras e 2 etiquetas adesivas.

Regras

Prepare o jogo

Vire todas as letras para baixo e espalhe numa mesa, misturando-as bem.

Escolha um jogador para ser o marcador dos pontos. Cada participante pega um suporte de letras.

Coloque as duas etiquetas adesivas em laterais opostas do tabuleiro.

Como jogar Top letras

Cada jogador tira uma letra da mesa. Quem tirar a letra mais próxima da letra "A" começa o jogo, seguido pelos jogadores à sua esquerda. As letras são devolvidas para a mesa, viradas para baixo e misturadas novamente.

Todos devem tirar 7 letras e colocar em seu suporte; mas cuidado, não deixe seu adversário ver! Atenção: cada jogador deve ter sempre 7 letras em seu suporte. Ao final de cada jogada, veja quantas letras você usou e retire da mesa quantas letras forem necessárias para completar as 7 letras de seu suporte.

O primeiro jogador tem que formar uma palavra de 2 letras ou mais, colocando pelo menos uma letra sobre um dos 4 quadrados especiais, no centro do tabuleiro.

Toda vez que um jogador acabar de formar suas palavras, ele deve fazer a contagem dos pontos.

Na sua vez, você pode:

- Formar uma ou mais palavras no sentido horizontal ou vertical, mas sempre ligando com uma que já esteja no tabuleiro.
- Empilhar letras em cima de outras letras que já estejam no tabuleiro, transformando uma palavra em outra diferente.

- Formar novas palavras e transformar uma palavra em outra na mesma jogada.

Durante o jogo fica proibido:
- Colocar mais de uma letra na mesma pilha na sua vez.
- Colocar uma letra sobre outra igual.
- Empilhar letras cobrindo totalmente uma palavra. Ao transformar uma palavra que esteja no tabuleiro em outra diferente, pelo menos uma letra da palavra anterior deve ficar descoberta e ser aproveitada para formar a outra palavra.
- Formar uma palavra diretamente no plural ou passar para o plural uma que já esteja no tabuleiro, colocando um "s".
- Formar as seguintes categorias de palavras:
  - Nomes próprios;
  - Abreviações e símbolos;
  - Palavras com hífen;
  - Prefixo e sufixos sozinhos não formam uma palavra.

Como contar os pontos

Você conta pontos para todas as letras que usou para formar suas palavras numa rodada, mesmo aquelas que já estavam no tabuleiro.

Se a mesma letra for usada para formar uma ou mais palavras numa só rodada, conte cada palavra separadamente.

Letras das palavras que não tenham nenhuma letra embaixo: 2 pontos para cada letra.

Letras das palavras que tenham pelo menos uma letra embaixo: 1 ponto para cada letra. Conte também todas as letras que estiverem embaixo.

As letras "Ã" ou "ç" valem 4 pontos cada.

Quando você usar todas as suas 7 letras de uma só vez, conte mais 20 pontos.

Quem ganha o Top letras

O jogo termina quando todas as letras forem usadas, ou nenhum jogador puder mais formar uma palavra, ou todos os jogadores passarem a sua vez, consecutivamente.

Aí o marcador faz as contas e comunica, aos outros jogadores, a contagem final de cada um.

Importante: se sobrarem letras que não forem usadas, desconte do total final 5 pontos para cada letra não utilizada.

O vencedor do Top letras é o jogador que fizer o maior número de pontos.

Roteiro de intervenção com o jogo Top letras

Aprendizagem do jogo

O objetivo desta etapa é ensinar o jogo aos sujeitos, assim como possibilitar que os mesmos aprendam as regras. Para a aprendizagem, realizam-se duas partidas.

Nesta atividade o experimentador perguntará sobre os conhecimentos que os sujeitos têm sobre o jogo.

• Questões

1) Vocês conhecem este jogo?

2) Vocês já jogaram este jogo? Como é que se joga?

3) Quem ganha o jogo?

A partir desse momento serão combinadas as regras do jogo, com a proposta de três partidas.

Intervenção psicopedagógica com o jogo Top letras

Análise das relações espaciais

As palavras formadas neste jogo permanecem disponíveis como ponto de partida para constantes combinações. O sujeito pode incluir (a partir da segunda vez) a totalidade de suas letras se isso leva à construção de novas palavras, respeitando sempre a composição em ambos os sentidos, quando as letras estão contíguas em espaços horizontais e verticais.

Para obter pontuação, este jogo oferece situações facilitadoras para aumentá-la consideravelmente em cada jogada, pois são dadas as possibilidades a seguir:

- Usar todas as letras do próprio porta-letras para formar não só uma palavra, mas várias, a partir das diversas possibilidades que mostra o tabuleiro.

- Os participantes poderão estabelecer que tipo de palavras será aceito, quer dizer, serão incluídos ou não nomes próprios, siglas, abreviaturas etc., assim como também se serão aceitas ou não palavras em idioma estrangeiro etc.

- Este jogo não conta com letras de difícil uso, tais como J, K, Ñ (NH), Q, X, Z, para que os participantes possam ter mais possibilidades de utilizar a totalidade das letras da sua escrivaninha.

Após o jogo, serão propostos pelo experimentador as seguintes situações-problema:

- Você pode escrever uma palavra em seu porta-letras colocando as letras em que direção?

- Qual a direção que normalmente seguimos para escrever?
- Escreva uma palavra no tabuleiro e descreva as direções nas quais vai colocando as letras.
- Se deixarmos um espaço entre estas letras, podemos formar uma palavra? Qual?

Para favorecer a conceitualização ortográfica, pode-se solicitar aos jogadores que pensem sobre o que têm em comum determinadas palavras para que possam chegar a descobrir e formular a lei.

O experimentador poderá perguntar aos jogadores:

- O que têm em comum algumas dessas palavras, ou as palavras selecionadas: dúvida, dado, dreno, a fim de que descubram que todas essas palavras começam por "d" e, assim, poder formular a lei: "Todas as palavras que começam com 'dê' escrevem-se com D no início.

Outro exemplo seria apresentar palavras como "pombo", "rombo", "pampa", e solicitar que a criança analise a regra ortográfica que está implícita. "Antes de p e b se usa a letra 'm'. Pode-se perguntar se esta regra pode ser generalizada. Pensem sobre esta situação e terão a possibilidade de investigar, em diferentes textos apresentados pelo pesquisador, e deduzir a extensão da regra a partir de leitura e experiência.

Pode-se, também, incentivar a criança para construir novas palavras a partir das já existentes, palavras que compartilham uma letra que é motivo da regra ortográfica.

Dessa forma, se no tabuleiro está escrita a palavra oposição utilizando a letra "c", ela pode formar canção, mas não ocasião.

Também se poderá solicitar à criança que faça pequena redação usando as palavras que lhe foram apresentadas durante o jogo.

Nessa atividade intervêm os processos de abstração empírica e pensante. Tanto o conhecimento teórico do processo construtivo da inteligência por parte do adulto, como sua criatividade, permitirão imaginar diversas propostas a partir destes jogos que favoreçam na criança a construção de novos conhecimentos e o descobrimento de sua utilização em atividades cotidianas e prazerosas que dizem respeito aos seus interesses.

Tendo como referencial os estudos de Gonzalez e Goñi (1987), propomos a avaliação do jogo Top letras da seguinte forma:

1) As relações topológicas de proximidade, separação, ordem, inclusão e continuidade possibilitam a escrita de palavras, tendo em conta a sucessão ordenada de letras em uma palavra, sucessão alcançada por ordem sequencial, inclusões, justaposições que progressivamente vão se coordenando. À medida que essas relações parciais se elevam à classe de operações, ela se mostra capaz de colocar todas as letras ao mesmo tempo.

Observam-se, nas crianças desse nível, as seguintes características:

a) Pensam em uma palavra que começa com alguma das letras que possui sem levar em conta a totalidade das letras necessárias para a formação dessa palavra.

b) Inventam justaposição de sílabas que podem ser comparadas a palavras com significado.

c) Têm dificuldade para utilizar uma letra de uma das palavras do tabuleiro como parte integrante de sua palavra, principalmente quando esta letra ocupa o lugar intermediário entre os extremos.

d) Procedem por regulações para situar diferentes letras nas palavras: não podem antecipar a inclusão ou o envolvimento das letras compreendidas entre a inicial e a final de uma palavra. Por isso correm de um lugar para cima ou para baixo, para a direita ou para a esquerda, já que falta espaço para as letras restantes.

e) Uma vez escrita uma palavra, esta lhes oferece pouquíssimas possibilidades de ser completada para formar outras.

f) Formam novas palavras agregando as letras às já existentes, porém em sentido unidirecional.

g) Transformam uma palavra em seu plural.

Todas as condutas repercutem nas construções das operações topológicas.

Estes procedimentos, que respeitam participação e adição participativa, ordem de colocação, de reciprocidade, de proximidade, relações simétricas de intervalos e mutiplicação biunívoca e counívoca de elementos e de relações, só se efetivam em sua interação com os objetos.

2) A partir dos 9-10 anos, as operações topológicas progressivamente se enriquecem pela tomada de consciência paulatina das coordenações dos pontos de vista e do sistema das coordenadas espaciais, o que implica a construção do subsistema euclídeo-projetivo no seio do sistema infralógico espacial. A criança deste nível dispõe de esquemas antecipatórios que lhe permitem compensar situações que resultam perturbadoras, tais como:

a) Formar palavras a partir de qualquer referência, tendo em conta, ao mesmo tempo, suas letras e as que estão no tabuleiro.

b) Antecipar os deslocamentos necessários para a formação de suas palavras e colocar corretamente as letras, sem necessidade de regulações.

c) Obter altos pontos completando a palavra já colocada e produzindo família de palavras.

d) Formar várias palavras em uma mesma jogada, colocando suas letras de maneira tal que, combinadas com outras, tanto no sentido horizontal como no vertical, virão construir uma rede de significação.

Após a intervenção, foram aplicados novamente os mesmos instrumentos de avaliação utilizados no pré-teste, tanto no grupo controle como no experimental.

Os dados da pesquisa foram analisados segundo o ponto de vista quantitativo e breve análise qualitativa.

Para a análise quantitativa foi realizado um tratamento estatístico usando o teste t de Student em todas as comparações de interesse, envolvendo sujeitos e grupos (controle e experimental). Foi escolhido o nível de significância alfa=0,05 para a tomada de decisão, rejeição ou aceitação das hipóteses levantadas.

A análise qualitativa constou da interpretação dos erros acadêmicos apresentados pelas crianças, bem como dos resultados obtidos nos jogos de regras.

A avaliação psicomotora da estruturação espacial foi realizada por meio da pontuação da idade psicomotora das crianças, segundo critérios propostos por Oliveira (2003), e a avaliação cognitiva pelos níveis de desenvolvimento das coordenadas de espaço, segundo critérios de Piaget e Inhelder (1993).

5
Crianças com dificuldade em escrita e estruturação espacial
Analisando os resultados da intervenção

Com a finalidade de atender ao objetivo da pesquisa, ou seja, verificar a eficácia do programa de intervenção psicopedagógica em crianças com dificuldade em escrita e estruturação espacial, neste capítulo, portanto, serão mostradas algumas das situações de avaliação e intervenção.

Os resultados serão examinados com base em duas análises: análise quantitativa, que constou de todos os resultados do pré e do pós-teste, elucidando os dados por meio de gráficos e tabelas, e a análise qualitativa, baseada na análise dos jogos, interpretação e discussão das respostas emitidas pelas crianças, no intuito de demonstrar como se deu o processo de intervenção.

Apresenta-se em seguida uma parte da análise quantitativa dos dados.

5.1 Análise quantitativa

A fim de apresentar os dados da pesquisa e possibilitar ao leitor um panorama geral dos resultados, apresenta-se em seguida a Tabela 1 que, consta o número de palavras que apresentavam erros nas relações de todos os ditados da avaliação da escrita, nos grupos controle e experimental.

Tabela 1 - Número de palavras que continham erros nos ditados dos grupos controle e experimental

Nomes	Ditado				Escrita 1	Escrita 2	Grupos
	Palavras 1	Palavras 2	Texto 1	Texto 2			
May	25	11	123	88	148	99	Controle
Nic	19	26	120	122	139	148	Controle
Tay	14	8	104	82	118	90	Controle
Mai	22	14	85	76	107	90	Controle
Bia	8	5	90	18	98	23	Controle
Lan	18	12	75	49	93	61	Controle
Ana	15	11	77	61	92	72	Controle
Ann	18	16	80	65	88	81	Controle
Gui1	9	1	79	41	88	42	Controle
Gui2	20	12	67	73	87	85	Controle
Wil	16	12	69	39	85	51	Controle

Nomes	Ditado				Escrita 1	Escrita 2	Grupos
	Palavras 1	Palavras 2	Texto 1	Texto 2			
Car	12	5	68	29	80	34	Controle
Ric	13	10	67	59	80	69	Controle
Bea	15	10	59	33	74	43	Controle
Joy	13	7	59	41	72	48	Controle
Gab	11	4	59	38	70	42	Controle
AnC	26	10	109	71	135	81	Experimental
Est	22	12	62	30	84	42	Experimental
Lis	20	11	54	37	74	48	Experimental
Fab	30	16	69	29	99	45	Experimental
Be	16	5	18	6	34	11	Experimental
Jea	11	5	59	8	70	13	Experimental
Kai	21	3	121	23	142	26	Experimental

Reb	19	7	49	15	68	22	Experimental
Cau	27	21	86	44	113	65	Experimental
Jul	17	14	69	49	86	63	Experimental
May	29	16	98	65	127	81	Experimental
Van	16	11	56	20	72	31	Experimental
Bru	26	21	94	69	120	90	Experimental
AnP	19	9	42	12	61	21	Experimental
Lua	24	11	60	11	84	22	Experimental
Leo	20	13	88	38	108	51	Experimental

Como se pode observar, as 16 crianças que foram escolhidas para compor o grupo experimental são as registradas em vermelho. Vale ressaltar que elas foram avaliadas no pré-teste pelo ditado de palavras 1 e texto 1, compondo ao final o que denominamos de escrita 1, ou seja, a soma do número de palavras erradas nas duas avaliações. Posteriormente estas mesmas crianças foram avaliadas no pós-teste por meio dos mesmos instrumentos, compondo a escrita 2. Este procedimento também se aplicou ao grupo controle.

Outro aspecto a ser mencionado em relação ao grupo experimental é que além de apresentarem dificuldade na escrita, também demonstraram dificuldade em relação à estruturação espacial; o desempenho dos sujeitos estava abaixo do esperado para a idade cronológica (Tabelas 2, 3 e 4).

Apresentam-se abaixo os dados relativos à avaliação da estruturação espacial no pré e no pós-teste.

5.1.1 Análise dos resultados obtidos pelo grupo experimental na avaliação do espaço: plano psicomotor e cognitivo

Segundo os teóricos da psicomotricidade, para que a estruturação espacial se organize é necessário, a princípio, que haja interiorização do eixo corporal e o conhecimento das diferentes partes do corpo para que os termos espaciais *atrás, à frente, em cima, embaixo, direito, esquerdo* sejam assimilados pela criança. Para tanto, é necessário que haja uma adequada lateralidade.

Levando em consideração a importância da lateralidade no desenvolvimento da estruturação espacial, foi realizada a avaliação dessa habilidade tanto no pré como no pós-teste. É pertinente comentar que os resultados obtidos por meio da avaliação foram anotados na ficha de avaliação e depois somados. A partir desta somatória de pontos foi possível estabelecer a idade psicomotora de cada sujeito e sua classificação nesta habilidade. Seguem os dados obtidos:

A) Lateralidade

Tabela 2 – Classificação dos sujeitos (grupo experimental) quanto a idade psicomotora e estágios na habilidade de lateralidade

Sujeito	Idade crono-lógica	Pontuação obtida		Idade psicomotora		Estágios	
		Pré-teste	Pós-teste	Pré-teste	Pós-teste	Pré-teste	Pós-teste
AnC	8	10	17	5-6	7	1B	II
Es	8	14	25	7	8-9	II	IIA
Li	8	9	26	3-4	10-11	IA	IIB
Fa	7	8	26	5-6	10-11	IA	IIB
Be	8	7	33	5-6	8-9	IA	IIB
Je	8	14	33	3-4	8-9	IB	IIB
Kai	7	14	30	5-6	10-11	IB	IIB
Re	8	13	28	5-6	10-11	IB	IIB
Ca	7	11	18	5-6	10-11	IB	IIA
Ju	8	15	31	5-6	8-9	IB	IIB

Sujeito	Idade crono-lógica	Pontuação obtida		Idade psicomotora		Estágios	
		Pré-teste	Pós-teste	Pré-teste	Pós-teste	Pré-teste	Pós-teste
Ma	7	2	17	5-6	10-11	I	II
Va	8	10	24	3-4	7	IB	IIA
Bru	7	10	28	até 3	7	IB	IIB
AnP	8	16	18	5-6	10-11	IB	IIA
Lu	8	5	17	5-6	8-9	IA	II
Lê	7	10	18	5-6	7	IB	IIA

Legenda

Estágio	Idade
I	Até 3 anos
IA	3 a 4 anos
IB	5 a 6 anos
II	7 anos
IIA	8 a 9 anos
IIB	10 a 11 anos
III	a partir de 12 anos

Observa-se, na Tabela 2, que os sujeitos do grupo experimental obtiveram uma melhora significativa na habilidade de lateralidade. Inicialmente todos os sujeitos apresentavam um atraso em sua idade psicomotora nessa habilidade. Após a intervenção, houve uma mudança significativa de posição e alguns deles chegaram a ultrapassar sua idade cronológica.

Após a avaliação da lateralidade, foi realizada a avaliação da estruturação do espaço no plano psicomotor e cognitivo. Seguem os resultados obtidos:

B) Estruturação do espaço: plano psicomotor

Tabela 3 – Classificação dos sujeitos (grupo experimental) quanto a idade e estágios na habilidade de estruturação espacial no plano psicomotor

Sujeito	Idade cronológica	Pontuação obtida		Idade psicomotora		Estágios	
		Pré-teste	Pós-teste	Pré-teste	Pós-teste	Pré-teste	Pós-teste
AnC	8	13	19	5-6	7	1B	IIA
Es	8	14	22	7	8-9	II	IIA
Li	8	15	27	3-4	10-11	II	IIB
Fa	7	15	29	5-6	10-11	II	IIB
Be	8	15	28	5-6	8-9	IB	IIA
Je	8	22	28	3-4	8-9	IIA	IIB
Kai	7	14	24	5-6	10-11	IB	IIB
Re	8	14	24	5-6	10-11	IB	IIB
Ca	7	15	20	5-6	10-11	II	IIA
Ju	8	15	28	5-6	8-9	II	IIB
Ma	7	14	25	5-6	10-11	IB	IIB
Va	8	13	23	3-4	7	IB	IIA

Bru	7	15	21	até 3	7	II	IIA
AnP	8	15	30	5-6	10-11	II	IIB
Lu	8	14	19	5-6	8-9	IB	IIA
Lê	7	15	23	5-6	7	II	IIA

Legenda

Estágio	Idade
I	Até 3 anos
IA	3 a 4 anos
IB	5 a 6 anos
II	7 anos
IIA	8 a 9 anos
IIB	10 a 11 anos
III	a partir de 12 anos

Os dados da Tabela 3 demonstram novamente o avanço obtido pelo grupo experimental. Do total de sujeitos, oito conseguiram a correspondência de sua idade psicomotora com a cronológica e oito ultrapassaram essa expectativa.

Esses dados levantam a hipótese de que a intervenção foi eficaz no estímulo e desenvolvimento da estruturação espacial no plano psicomotor. Quando se fala em desenvolvimento do espaço, se diz que é a partir do corpo que a criança, aos poucos, vai aumentando seu espaço vivido e investindo no espaço que a cerca. Para isso é preciso aumentar as oportunidades de a criança vivenciar o espaço como foi realizado nesta pesquisa. No entanto, é preciso enfatizar que este estudo não tem o propósito de descartar a influência de fatores como o social, o familiar e outros.

Dessa forma, os dados apresentados reforçam a importância da intervenção e estimulação para que a estruturação espacial se desenvolva a contento. Em seguida, apresentam-se os dados relativos ao desenvolvimento da estruturação espacial no plano cognitivo.

C) Estruturação do espaço: plano cognitivo

A Tabela 4 mostra o desempenho obtido pelos sujeitos (grupo experimental) na estruturação espacial, no plano cognitivo.

Tabela 4 – Classificação dos sujeitos quanto ao nível na habilidade de estruturação espacial no plano cognitivo

	Idade	Níveis	
Sujeitos	Cronológica	Pré-teste	Pós-teste
AnC	8	IIA	IIA
Es	8	IIA	IIB
Li	8	IIB	IIIA
Fa	7	IIA	IIIA
Be	8	IA	IIIA
Je	8	IIB	IIIA
Kai	7	IIB	IIIB
Re	8	IIA	IIIA
Ca	7	IIB	IIB
Ju	8	IIA	IIIB
Ma	7	I	IIB
Va	8	IIA	IIB
Bru	7	IIA	IIA
AnP	8	IIB	IIIB
Lu	8	IIA	IIB
Le	7	IIB	IIB

Legenda

Estágio	Idade
I	Não tem noção do plano
IIA	Concebe a água sob a forma de um plano
IIB	Indica no vidro a inclinação da água. Não coordena o nível previsto com um sistema de referencial imóvel e externo
IIB e IIIA	Prevê horizontalidade da água no vidro a 180 e 90 graus
IIIA	Generaliza as noções de horizontalidade e verticalidade
IIIB	Possui noções de horizontalidade e verticalidade

Constata-se, na tabela acima, que os sujeitos apresentaram uma melhora significativa no desempenho em estruturação espacial no plano cognitivo. Dos 16 sujeitos pesquisados, 12 mudaram de nível e 8 conseguiram obter desempenho correspondente à idade cronológica, logo atingiram o subestádio III.

Com base nesses dados, verificou-se que os sujeitos obtiveram uma melhora rumo à descoberta da horizontal e da vertical. Conforme aponta Piaget, o Estádio I é caracterizado pela ausência de abstração das retas e dos planos; o Estádio II tem como característica a ausência de sistemas de referências exteriores à configuração considerada; e o Estádio III marca a conquista progressiva de tais sistemas de referências exteriores, portanto, da construção de eixos de coordenadas generalizadas ao conjunto do campo espacial. Dessa forma, fica evidente que se trata de uma conquista gradual, em que cada sujeito vai se desenvolvendo rumo a um desempenho cada vez melhor.

Esses dados reforçam as informações apresentadas anteriormente sobre a eficácia da intervenção e mostram o quanto essa intervenção possibilitou em termos de mudanças significativas do grupo experimental, cuja característica principal era a dificuldade em escrita e estruturação espacial.

Comparando o desempenho demonstrado nas trocas de letras com o desempenho em função das palavras erradas, constata-se que os resultados se assemelham na medida em que demonstram o avanço considerável do grupo experimental quando comparado com o grupo controle após o processo de intervenção.

Ao final, podemos afirmar que os resultados obtidos por meio das avaliações, tanto do espaço como da escrita, se complementam. Dessa forma, pode-se levantar como hipótese que o desenvolvimento na estruturação espacial tenha possibilitado aos sujeitos do grupo experimental progredir na escrita. Se é fato que a intervenção permitiu progressos na escrita e que o presente estudo demonstrou correlação entre essas variáveis, talvez muito ainda possa ser feito no intuito de resgatar a importância da estruturação espacial no desenvolvimento e aprendizagem da criança.

A fim de ilustrar de forma gráfica os dados apresentados na Tabela 1, assim como a eficácia da intervenção psicopedagógica, apresenta-se a seguir algumas análises da escrita (grupo controle e experimental) tanto no pré como no pós-teste.

Tabela 5 – Teste t de Student para variáveis independentes (contagem das palavras erradas nas escritas)

Variáveis independentes	Escrita 1		Escrita 2	
	Controle	Experimental	Controle	Experimental
Média	94,94	92,31	67,38	44,50
Variância	516,46	891,70	979,58	650,80
Observações	16,00	16,00	16,00	16,00
Variância agrupada	704,08	704,08	815,19	815,19
gl	30,00	30,00	30,00	30,00
Stat t	0,28	0,28	2,27	2,27
$P(T<=t)$ bicaudal	0,78	0,78	0,03	0,03
t crítico bicaudal	2,04	2,04	2,04	2,04
EP	5,68	7,47	7,82	6,38
Conclusão	Aceita-se HO		Rejeita-se HO	

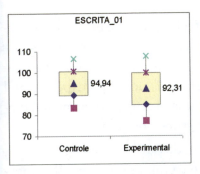 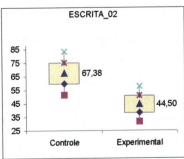

Gráfico 1 – Desempenho na escrita 1 Grupos controle e experimental

Gráfico 2 – Desempenho na escrita 2 Grupos controle e experimental

Verifica-se, na Tabela 5, que na avaliação da Escrita 1 os grupos não apresentavam diferença estatisticamente significativa ao nível de 5% ($t=2,04$ e $p=0,78$), confirmando dessa forma a hipótese de igualdade entre os grupos. No entanto, após a intervenção, houve diferença estatisticamente significativa ao nível de 5% ($t=2,04$ e $p=0,03$), demonstrando novamente a eficácia da intervenção psicopedagógica. Esses resultados são facilmente visualizados quando a média de erros é convertida em porcentagem, como se apresenta nos gráficos a seguir:

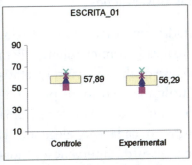

Gráfico 3 – Desempenho em porcentagem na escrita 1: grupos controle e experimental

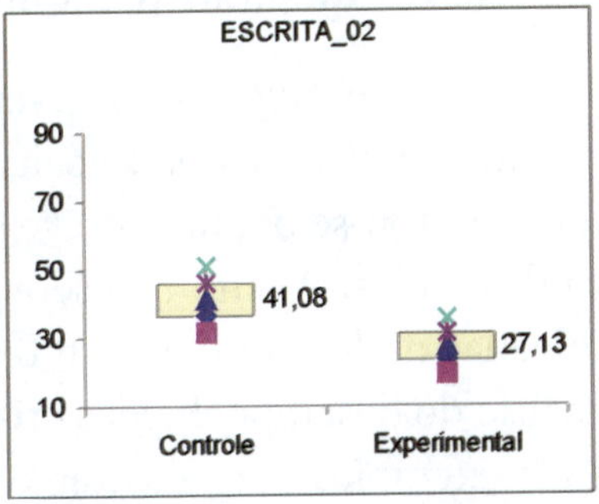

Gráfico 4 – Desempenho em porcentagem na escrita 2: grupos controle e experimental

Observa-se que, inicialmente, os grupos se mostravam estatisticamente iguais; após a intervenção, os grupos se diferenciaram. Da Escrita 1 para a Escrita 2 constata-se que o grupo controle obteve uma melhora de 16,81%; no grupo experimental essa melhora foi de 29,16%, ou seja, o grupo experimental melhorou 12,35% a mais do que o grupo controle.

Analisando os dados apresentados até o presente momento, constata-se que estatisticamente o grupo experimental se mostra superior ao grupo controle em todas as variáveis. Levanta-se como hipótese que essa melhora tenha se dado em decorrência da eficácia do programa de intervenção, que tinha como prioridade estimular o desenvolvimento da estruturação espacial, tanto no plano psicomotor como cognitivo e, conseqüentemente, uma melhora na escrita.

Diante da análise estatística dos dados e da comprovação da eficácia da intervenção, fez-se necessário especificar como se deu esse processo de intervenção e de que forma o reeducador conduziu o trabalho. Apresenta-se em seguida uma descrição da intervenção.

5.2 Análise qualitativa: algumas observações

Neste capítulo será apresentada uma parte dos resultados da intervenção psicopedagógica realizada com os sujeitos. Para tanto, optou-se por uma breve análise qualitativa e interpretativa dos dados. Assim, não serão utilizadas categorias predeterminadas na leitura dos resultados; pelo contrário, fez-se uma análise do desempenho das crianças em cada jogo, elegendo alguns exemplos para ilustrar o processo de intervenção, mostrando os resultados obtidos e especificando os resultados esperados. Segue abaixo a análise dos exercícios e jogos de regras.

Exercícios de orientação

Em se tratando dos exercícios de orientação, foram eleitas algumas situações-problema retiradas das atividades propostas inicialmente e trabalhadas em dupla com todos os sujeitos do grupo experimental.

Seguem alguns exemplos de situações-problema propostas pelo experimentador:

Após o experimentador estabelecer um contato com os sujeitos e explicar os objetivos das atividades, foi solicitado a eles que realizassem algumas atividades. Primeiramente, deveriam interiorizar seu lado dominante para os membros superiores, inferiores e oculares. Às crianças homogêneas (destra ou canhota) foram apresentados os conceitos de direita e esquerda, auxiliando-as a descobrir esses conceitos, tendo como ponto de referência o seu lado dominante.

As crianças com lateralidade cruzada foram, inicialmente, auxiliadas a trabalhar melhor seu lado dominante, e, só então, foram apresentados os conceitos de direita e esquerda.

Seguem alguns exemplos dentre várias atividades propostas:

- Vão para a direita!
- Levantem o pé esquerdo!
- Passem a bola com a mão esquerda!

Como já exposto no capítulo 4, o objetivo era criar situações em que o sujeito fosse capaz de distinguir os dois lados do corpo. Analisando os protocolos, observa-se que, no início, muitos dos sujeitos não tinham sequer a noção de que seu corpo possui dois lados. Aos poucos, e em função das situações e intervenções do experimentador, as crianças foram capazes de situar seu eixo corporal e diferenciar os dois lados do corpo. Foram também apresentadas outras noções espaciais relacionadas a situações (por meio de conceitos como dentro, fora, acima, no alto, longe, perto), a posições (por meio das noções de em pé, deitado, sentado, ajoelhado, agachado, inclinado) e a movimento (através dos conceitos de levantar, abaixar, levantar-se, subir, descer).

Após essa etapa, na qual a ênfase eram as noções espaciais, foram propostos exercícios de orientação do espaço em relação à criança.

No primeiro e segundo exercícios, cada criança ficava posicionada num aro que materializava sua posição; o experimentador permanecia no centro e dava as instruções, solicitando do sujeito um bom desempenho em noções e estruturações espaciais, conforme anteriormente citado.

Aos poucos foi possível constatar que, no geral, as crianças respeitavam convenientemente as ordens a partir de suas próprias referências, sendo encontradas somente algumas dificuldades. Os quatro sujeitos canhotos demonstraram maior dificuldade para assimilar os conceitos de direita e esquerda, assim como se posicionar no espaço; às vezes, espelhavam-se nos colegas e acabavam errando.

Essa etapa se caracterizou, portanto, por uma intervenção das noções básicas espaciais e por uma maior interiorização das ações.

Muitos sujeitos titubeavam no início das atividades; no entanto, com o decorrer das sessões e da interferência do experimentador, mostravam-se capazes de assimilar os conceitos de direita e esquerda e os demais conceitos espaciais e executavam as atividades com desenvoltura e rapidez.

De uma forma geral, as atividades realizadas com os sujeitos tinham como objetivo criar situações que representassem verdadeiras experiências vividas no espaço, para que assim pudessem melhorar a qualidade de análise perceptiva dos elementos no espaço.

Pretendia-se que, com base em suas experiências, pudessem falar a respeito dos conceitos relacionados ao assunto e se tornar mais aptos a simbolizar o que viveram pela utilização do grafismo.

Jogos de regras

Após a apreensão, pelas crianças, dos conceitos espaciais básicos, partindo de uma vivência espacial, era necessário que elas alcançassem uma orientação e uma organização espaciais no plano gráfico, com base num referencial psicomotor e cognitivo. Essa nova etapa foi realizada via jogos de regras e pelos motivos já apontados anteriormente.

A análise dos jogos foi realizada após as respostas dos sujeitos às situações-problema.

Para ilustrar o processo de intervenção por meio dos jogos de regras, far-se-á a apresentação de alguns momentos importantes dessas situações-problema. Vale ressaltar que não se pretende reduzir os jogos aos recortes aqui sugeridos. No entanto, estes recortes se fizeram necessários a fim de que fosse possível estabelecer relações entre o campo teórico e a utilização dos jogos.

Na sequência, será explicitada a utilização dos jogos na intervenção e qual sua importância e eficácia no processo de desenvolvimento da estruturação espacial e, consequentemente, da escrita.

Análise da intervenção com o jogo Twister

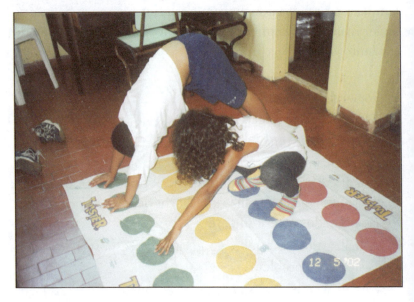

Aprendizagem do jogo

Constituiu-se em apresentar o jogo aos sujeitos e verificar se tinham conhecimento do mesmo e de suas regras. Após ensinar as regras, o experimentador se concentrava em observar como as crianças jogavam, anotando suas dificuldades e retomando com elas as regras do jogo.

No jogo Twister, o objetivo principal era o posicionamento do corpo no tapete de bolinhas, levando em consideração as coordenadas espaciais e a destreza do corpo.

Ao analisar a etapa de aprendizagem do jogo, foram focalizados os procedimentos utilizados pelos sujeitos para obter êxito.

Analisando os protocolos, observa-se que, de forma geral, os sujeitos não conheciam o jogo e apresentavam as mesmas dificuldades na compreensão e desenvolvimento do mesmo. Por outro lado, depois de superada esta etapa, demonstraram desempenho diferenciado quanto ao posicionamento do corpo e conhecimento das coordenadas durante as primeiras jogadas. Constatou-se que os sujeitos que manifestaram maior dificuldade nas atividades psicomotoras também o demonstraram na aprendizagem do jogo.

Análise das relações espaciais

Nesta etapa da intervenção, o objetivo principal era possibilitar aos sujeitos oportunidades para conhecer as noções espaciais, para tomar consciência de seu corpo no espaço e orientar-se levando em consideração as relações topológicas e euclidianas.

O experimentador solicitava aos sujeitos que falassem sobre as noções espaciais empregadas durante o jogo. Para tanto, colocava o sujeito em situações-problema, de forma que ele tivesse que identificar durante a atividade de jogo as seguintes noções espaciais: dentro, fora, no alto, abaixo, longe, perto, direita, esquerda.

"Você está dentro ou fora do tapete?"

Jea (8): Estou dentro do tapete, pois os meus pés tão aqui, olha!

Leo (7,10): Estou fora do tapete.

"Para ficar na posição que saiu no marcador, o que você precisa fazer?"

Jea (8): Preciso colocar este pé (direito) na bola que está aqui na frente.

Leo (7,10): Eu coloco minha mão para trás e consigo pôr a mão na bolinha azul.

De maneira geral, os mesmos sujeitos que demonstraram dificuldade na aprendizagem do jogo o demonstraram na intervenção. Diante desses dados, o experimentador criava oportunidades para que esses sujeitos vivenciassem várias situações durante o jogo, a fim de trabalhar melhor as noções espaciais.

À medida que os sujeitos identificavam as noções espaciais, o experimentador solicitava a eles que as identificassem no ambiente e nas demais situações. Segue um exemplo da intervenção com esses sujeitos:

> "Você está com os pés sobre o tapete: você está dentro ou fora do tapete?"
>
> Bru (7,3): Estou dentro do tapete.
>
> "Você está com os pés fora do tapete, você está fora ou dentro do tapete?"
>
> Bru (7,3): Estou fora do tapete.

Ao final, foi possível constatar que os sujeitos obtiveram uma melhora quanto ao desenvolvimento nas relações de espaço citadas anteriormente, o que demonstra um desempenho característico do agrupamento topológico.

Além de propor as situações-problema, o experimentador solicitava ao sujeito que se posicionasse nos lugares estabelecidos a fim de que pudesse se localizar no espaço e, assim, assimilar mais facilmente as noções espaciais.

Em específico, ao trabalhar a noção de direita e esquerda, o experimentador identificava, junto com as crianças, a sua dominância lateral através de atividades do dia a dia. Posteriormente, trabalhava no sentido de reconhecer no corpo da criança (a partir da dominância lateral) os dois lados (direito/esquerdo).

Após apresentar o conceito de direita e esquerda, o experimentador solicitava a cada criança que se localizasse no espaço com base nessas coordenadas:

- um passo para a direita;
- um passo para a esquerda;
- um passo para frente e outro à direita.

No geral, trabalhar dessa forma possibilitava aos sujeitos identificarem as coordenadas propostas para essa etapa da intervenção. A partir das noções espaciais, os sujeitos eram solicitados a se orientar, organizar e planejar estrategicamente as jogadas, a fim de alcançar os objetivos do jogo.

Para tanto, o experimentador solicitava aos sujeitos que respondessem a algumas situações-problema propostas, envolvendo as posições que seu corpo assume no espaço, incluindo as noções de lateralidade em si e no outro. O objetivo principal era fazer com que o sujeito tomasse consciência das diversas posições que seu corpo ocupa no espaço, e, posteriormente, fosse capaz de transpor essas coordenadas, tendo como referencial o corpo do outro.

> Jul (8,6): "Qual é o seu lado direito e o esquerdo?"
>
> Este é o meu lado direito e este é o meu lado esquerdo.
>
> "Qual é o lado direito e o esquerdo do Kai?"(7,10).
>
> Este é o lado direito e este é o lado esquerdo do Kai.
>
> "Como você sabe qual é o lado direito e o esquerdo do colega?"
>
> Eu sei que o lado direito do Kai (7,10) é este aqui porque ele está na minha frente, o meu lado direito é o esquerdo dele.
>
> Leo (7,10): "Qual é o seu lado direito e o esquerdo?"
>
> Este aqui é o meu lado direito e este aqui o esquerdo.
>
> "Qual é o lado direito e o esquerdo da AnP (8)?"
>
> Este aqui é o lado direito da AnP (8).
>
> "Como você sabe qual é o lado direito e o esquerdo do colega?"
>
> Não sei explicar por que é o lado direito, só sei que é.

Leo (7,10), inicialmente, não soube identificar em si e no outro os lados direito e esquerdo. O que se pode afirmar é que, não tendo noção de lateralidade em si, não foi capaz de identificá-la no outro. O procedimento do experimentador nessa situação consistiu em auxiliar o sujeito na identificação de seus lados direito e esquerdo e depois solicitar que identificasse em cada nova situação essas coordenadas, tanto em si como no outro.

Diferentemente, Jul foi capaz de identificar e explicar qual era o seu lado direito e qual era o esquerdo, tanto em si como no outro.

Analisando os protocolos dos demais sujeitos, pode-se afirmar que, de uma forma geral, os sujeitos apresentaram pouca dificuldade no início do jogo, quando tinham que identificar em si e no outro os lados direito e esquerdo. Aqueles que apresentaram maior dificuldade na identificação dos lados direito e esquerdo em si não se mostraram aptos a identificá-los no outro confundiam-se, trocavam as orientações e necessariamente solicitavam do experimentador um pouco mais de tempo para se organizarem em relação a essas orientações.

Segue um exemplo dos sujeitos que necessitaram de um número maior de sessões nessa etapa da intervenção, devido à dificuldade na identificação dos lados direito e esquerdo em si e no outro.

> AnC (8): "Qual é o seu lado direito e esquerdo?"
>
> Este aqui é o meu lado direito e este aqui o esquerdo (inverte as coordenadas).
>
> "Qual é o lado direito e esquerdo da Reb (8,3)?"
>
> Este aqui é o lado direito da Reb.
>
> "Como você sabe qual é o lado direito e o esquerdo do colega?"

Eu sei qual o lado direito e o esquerdo dela porque eu estou usando relógio e aí eu sei que o lado do relógio é o lado direito e o outro lado é o esquerdo. Pronto, é só eu falar.

Diante dessas respostas, o experimentador retomava com o sujeito qual era a sua dominância lateral e posteriormente trabalhava os conceitos de direita e esquerda em si e no outro. Esse processo exigia do experimentador a retomada de algumas sessões, a fim de resgatar o que o sujeito não havia assimilado.

O desempenho final demonstrado pelos sujeitos aponta que os mesmos se encontram em processo de construção das coordenadas euclidianas, estando os sujeitos adequados para a idade.

Análise da intervenção com o jogo Reversi

Aprendizagem do jogo

Essa etapa consistiu em ensinar as regras do jogo e possibilitar ao sujeito entrar em contato com o material. No jogo Reversi, o objetivo central era trabalhar as mesmas noções espaciais e orientações trabalhadas no jogo anterior, mas em planos diferentes. Enquanto, no jogo Twister, o experimentador explorava as noções espaciais a partir do corpo da criança, no jogo Reversi o conhecimento dessas noções era solicitado durante o jogo ao explorarem o espaço do tabuleiro. Na verdade, para que o sujeito obtivesse êxito no jogo de tabuleiro, deveria ser capaz de transpor as coordenadas espaciais a partir de seu corpo para a situação de jogo.

Analisando os protocolos dos sujeitos, constata-se que as crianças que apresentaram dificuldade para identificar as noções espaciais no tabuleiro necessitaram, como era de esperar, organizar-se a partir de seu próprio corpo, para que pudessem posteriormente identificá-los no tabuleiro.

À medida que foram se familiarizando com o jogo, demonstraram melhor desempenho nas situações-problema.

Análise das relações espaciais

Nesta etapa do jogo, o objetivo principal era verificar o desempenho das crianças em relação às coordenadas espaciais. O experimentador criava situações que favorecessem ao sujeito identificar, durante as jogadas, as seguintes noções espaciais:

para a direita, para a esquerda, para cima, para baixo, horizontal, vertical e diagonal, ou seja, as relações euclidianas.

A fim de ilustrar como as noções e orientações espaciais foram desenvolvidas no jogo Reversi, seguem alguns exemplos.

> Lis (8): "Vamos supor que temos três fichas para colocar no tabuleiro. Em qual localização colocaríamos?"
>
> Pode colocar no lado esquerdo ou no lado direito do tabuleiro. A gente também pode colocar mais pra cima ou pra baixo.
>
> "Descreva como você organizou as fichas e as direções ocupadas".
>
> Primeiro coloquei as minhas fichas no meio do tabuleiro, depois fui colocando mais para baixo, pertinho das suas.

Com estas respostas, Lis (8) demonstrou que possui um bom conhecimento das coordenadas espaciais. Ela identifica algumas das direções possíveis; no entanto, não menciona a diagonal, apesar de ter trabalhado com estas direções durante as partidas.

De maneira bem diferente, AnC não soube identificar as noções espaciais; suas respostas eram evasivas e pouco explicativas.

> AnC (8): "Vamos supor que temos três fichas para colocar no tabuleiro; em qual localização colocaríamos?"
>
> Você pode colocar de qualquer jeito, assim ou assim, não sei, a gente vê na hora que vai jogar.
>
> "Descreva como você organizou as fichas e as direções ocupadas."
>
> Fui colocando aqui e aqui (centro do tabuleiro), depois eu coloquei as outras bem longe umas das outras.

À medida que o experimentador avançava nas jogadas com AnC, criava situações-problema, obrigando-a a questionar suas ações e refletir sobre as próximas jogadas e coordenadas espaciais.

De um modo geral, os sujeitos demonstravam, nas primeiras jogadas, dificuldades para se orientar em relação ao tabuleiro. Com o decorrer das sessões, após perceberem e compreenderem que algumas das coordenadas solicitadas durante o jogo de tabuleiro eram as mesmas utilizadas durante o jogo anterior, e após se mostrarem capazes de transpô-las a partir de seus corpos para o tabuleiro, o desempenho dos sujeitos melhorou gradativamente.

Levando em consideração que a regra fundamental deste jogo consistia em fechar entre duas fichas próprias as fichas do adversário, as quais podiam estar tanto na direção horizontal como na diagonal e na vertical, foram propostas outras situações-problema. Para que o sujeito tivesse êxito nessa etapa, ele precisava necessariamente dominar o sistema de coordenadas euclídeo-projetivas.

Seguem alguns exemplos. A fim de expor as situações-problema da forma como foram organizadas no tabuleiro e apresentadas aos sujeitos, elaborou-se um exemplo desses momentos do jogo a partir de uma situação gráfica. As bolinhas brancas simbolizam os espaços vagos no tabuleiro, as bolinhas de cor azul representam as fichas do Frajola e as bolinhas de cor amarela simbolizam as fichas do Piu-Piu.

Van (8): "Quais modificações são possíveis no jogo, quando colocamos esta ficha neste determinado lugar (ficha casa 25)?"

A gente pode comer aqui na horizontal (fichas 26 e 27). "Pode-se comer de alguma outra forma colocando esta peça neste lugar?"

Não, só existe este jeito.

Diante dessas respostas, o experimentador solicitava à criança que observasse a situação de jogo e tentasse visualizar todas as possibilidades de "comer" a peça do adversário; para isso, ele deveria olhar em todas as direções possíveis no tabuleiro e ser capaz de efetuar multiplicações biunívocas e counívocas de elementos e relações, assim como deveria tomar um mesmo elemento como referência recíproca de distintos sistemas de colocação. Estas situações possibilitavam às crianças analisar e pensar sobre a jogada, levando em consideração todas as coordenadas de espaço, como até então não haviam feito.

Assim como Van (8), outros sujeitos também não conseguiram visualizar a possibilidade de "comer" na diagonal. Verifica-se, com essa dificuldade, que a coordenada espacial da diagonal ainda é algo difícil de ser visualizado e antecipado pelas crianças dessa idade. Esta habilidade é característica da idade de 9-10 anos, quando ela já é capaz de agir de acordo com a construção dos agrupamentos euclídeo-projetivos que lhe asseguram o manejo operatório do espaço em todas as direções.

De um modo geral, os sujeitos da faixa etária deste estudo atuam de forma unidirecional, ou seja, atendem a localizações horizontais ou verticais, apresentando dificuldade para atender às posições das linhas diagonais.

A criança centra-se nas transformações que sua ficha ocasiona na única direção por ela pensada. É por isso que não toma consciência das outras modificações possíveis que esta ficha provoca e menos ainda se o outro extremo do intervalo representado por uma ficha própria fica longe por causa dos lugares ocupados por fichas alheias.

Diante da resposta do sujeito, o experimentador o instigava a observar novamente a situação de jogo e retomar as coordenadas de que ele tinha conhecimento. A partir dos questionamentos do experimentador, o sujeito se mostrava capaz de ampliar a análise da situação e identificar algumas jogadas possíveis.

> Bea (8,11): "Quais modificações são possíveis no jogo quando colocamos esta ficha neste determinado lugar (ficha casa 25)?"
>
> Posso comer assim nesta posição (fichas 26, 27).
>
> "Qual o nome desta posição?"
>
> Horizontal.
>
> "Este é o único jeito de 'comer'?" Não, eu posso comer assim também, na vertical, na diagonal (fichas 20 e 15 – diagonal; ficha 19 – vertical).

Ao contrário de Van (8), Bea (8,11) foi capaz de identificar outras possibilidades de "comer" as peças do adversário. Ela conseguiu identificar as posições vertical, horizontal e diagonal, o que demonstra sua capacidade de manipulação operatória do espaço característico da construção dos agrupamentos euclídeo-projetivos. Bea (8,11) pôde integrar cada uma das perturbações apresentadas pelas regras do jogo, assim como as diversas situações propostas pelo experimentador.

Em seguida, o experimentador solicitava ao sujeito que antecipasse jogadas e que fosse capaz de identificar as coordenadas espaciais. Seguem duas situações-problema, com dois exemplos de cada uma delas.

Situação-problema 1

Exemplo 1

Situação-problema proposta para Lua (8)

1 (branca)	2 (branca)	3 (azul)	4 (azul)	5 (azul)	6 (branca)
7 (branca)	8 (amarela)	9 (azul)	10 (azul)	11 (azul)	12 (branca)
13 (azul)	14 (azul)	15 (amarela)	16 (azul)	17 (azul)	18 (branca)
19 (azul)	20 (amarela)	21 (azul)	22 (azul)	23 (azul)	24 (branca)
25 (azul)	26 (amarela)	27 (azul)	28 (azul)	29 (azul)	30 (amarela)
31 (branca)	32 (branca)	33 (branca)	34 (branca)	35 (amarela)	36 (branca)

Jogadas propostas por Lua (8)

1 (branca)	2 (branca)	3 (azul)	4 (azul)	5 (azul)	6 (branca)
7 (branca)	8 (amarela)	9 (amarela)	10 (amarela)	11 (amarela)	12 (amarela)
13 (azul)	14 (azul)	15 (amarela)	16 (amarela)	17 (amarela)	18 (amarela)
19 (azul)	20 (amarela)	21 (amarela)	22 (amarela)	23 (amarela)	24 (amarela)
25 (azul)	26 (amarela)	27 (amarela)	28 (amarela)	29 (azul)	30 (amarela)
31 (branca)	32 (branca)	33 (amarela)	34 (amarela)	35 (amarela)	36 (branca)

Lua (8): "O que você faria para ganhar o jogo, partindo do jogo exposto no tabuleiro? Eu sou o Frajola (peças cor azul) e você é o Piu-Piu (peças cor amarela)".

Eu poderia colocar minha pecinha do Piu-Piu aqui (casa 12) e comer suas peças (9, 10, 11); também poderia colocar outra aqui (casa 18) e comer estas (16 e 17). Achei outro lugar!!! Posso colocar outra aqui (casa 24) e comer todas estas (21, 22, 23). Eu também posso comer aqui (coloca ficha na casa 34 e come ficha 28) e outra aqui (coloca ficha na casa 33 e come ficha 27). Só posso comer nestes lugares.

"Você sabe em quais posições você comeu as fichas?" Sei sim, assim (mostra no tabuleiro as fichas 14, 15, 16) eu estou comendo na horizontal, assim (mostra as fichas 34, 28, 22) tô comendo na vertical.

Lua (8) foi capaz de identificar as jogadas desde que fossem realizadas na posição vertical e horizontal; as jogadas na diagonal não foram identificadas pelo sujeito. Isso fez com que Lua (8) perdesse a oportunidade de comer outras peças na diagonal.

Exemplo 2

Situação-problema proposta para Kai (7,8)

1	2	3	4	5	6
7	8	9	10	11	12
13	14	15	16	17	18
19	20	21	22	23	24
25	26	27	28	29	30
31	32	33	34	35	36

Jogadas propostas por Kai (7,8)

○ 1	○ 2	● 3	● 4	● 5	○ 6
○ 7	● 8	● 9	● 10	● 11	● 12
● 13	● 14	● 15	● 16	● 17	○ 18
● 19	● 20	● 21	● 22	● 23	○ 24
● 25	● 26	● 27	● 28	● 29	● 30
○ 31	○ 32	○ 33	● 34	● 35	● 36

Kai (7,8): "O que você faria para ganhar o jogo, partindo do que está exposto no tabuleiro? Eu sou o Frajola (peças cor azul) e você é o Piu-Piu (peças cor amarela)".

Posso colocar uma ficha do Piu-Piu aqui (casa 12), que estas aqui vão passar a ser Piu-Piu (9, 10, 11). Também posso colocar outra aqui (casa 34), que estas vão virar Piu-Piu (28, 22). Como a ficha 11 é do Piu-Piu, agora estas fichas também são minhas (17, 23, 29).

Assim como Lua (8), Kai (7,8) não foi capaz de visualizar e antecipar jogadas em todas as posições. Esse desempenho é esperado para a idade dos sujeitos (6-8 anos. Nessa faixa etária, uma das características de pensamento é a incapacidade para planificar estratégias, conseguindo apenas centrar-se na jogada efetiva e atual. Por isso, trata em cada jogada de passar para si a maior quantidade possível de fichas do seu adversário, mesmo quando suas ações se mostram negativas para o seu sucesso ou futuras jogadas.

Uma outra característica observada nas crianças desta idade e presente nas respostas e na ação de Kai (7,8) é a capacidade de converter para si as fichas do adversário, colocadas entre as suas, mas que correspondem a jogadas anteriores. Ou seja, quando Kai (7,8) colocou a ficha 12 convertendo a ficha 11 em sua, imediatamente pensou que as fichas (17, 23 e 29) também seriam convertidas, pois estavam fechadas entre as suas. Kai (7,8) se esqueceu de que as transformações só devem ser efetivadas em função da última ficha colocada.

Assim, Kai (7,8), Lua (8) e as demais crianças também demonstraram dificuldade para antecipar as jogadas e analisar não só a perspectiva daquela jogada, mas as implicações da ação no conjunto de uma partida.

Conforme apontam Macedo et al. (2000), antecipar requer do sujeito inferir o que irá acontecer num sistema de ações e operações. Sendo assim, é muito mais do que considerar o aspecto causal de uma situação, pois, nesta, o sujeito fica restrito à ação propriamente dita e ao registro de seus resultados. Requer do sujeito uma análise mais ampla do jogo, considerando diversos aspectos da situação, imaginando possíveis erros e evitando produzi-los.

Assim como na situação-problema 1, a situação-problema 2, descrita em seguida, requer dos sujeitos a antecipação e a criação de estratégias; em ambas as situações os sujeitos demonstraram dificuldade nessas operações.

Situação-problema 2

No exemplo a seguir, pode-se observar como o sujeito se organizou no espaço em relação às coordenadas. Na situação-problema, foi solicitado ao sujeito que, de posse de todas as peças do tabuleiro, organizasse uma jogada, deixando oito peças de fora do tabuleiro para que assim pudesse "comer" as demais peças.

Exemplo 1

Situação proposta por AnP (8) antes de comer as peças

● 1	● 2	● 3	○ 4	● 5	○ 6
● 7	● 8	● 9	● 10	● 11	○ 12
○ 13	● 14	● 15	● 16	○ 17	● 18
● 19	● 20	○ 21	● 22	● 23	○ 24
● 25	● 26	● 27	● 28	● 29	○ 30
● 31	● 32	● 33	● 34	● 35	○ 36

Jogadas propostas por AnP (8)

● 1	● 2	● 3	● 4	● 5	○ 6
● 7	● 8	● 9	● 10	● 11	○ 12
● 13	● 14	● 15	● 16	● 17	● 18
● 19	● 20	● 21	● 22	● 23	○ 24
● 25	● 26	● 27	● 28	● 29	○ 30
● 31	● 32	● 33	● 34	● 35	○ 36

AnP (8): "Se você pudesse organizar o jogo no tabuleiro de forma que isso lhe garantisse ganhá-lo, como você faria?"

Eu colocava uma ficha aqui (casa 13) e comia a sua aqui (casa 19), depois colocava outra ficha aqui (casa 21) e comia aqui (casa 20), a outra aqui (casa 17) e comia esta (casa 23); a última ficha eu colocava neste lugar (casa 4), aí eu comia três peças (10, 16, 22).

Embora o sujeito pudesse organizar as peças no tabuleiro do jeito que melhor lhe conviesse, não foi capaz de transformar em suas muitas peças do adversário ao colocar as oito peças restantes. Apenas visualizou jogadas na vertical e na horizontal, ignorando outras possibilidades de jogo. Não foi capaz de antecipar jogadas; ele simplesmente organizou aleatoriamente as peças no tabuleiro, e só depois começou a pensar em quais lugares iria comer as peças.

Analisando detalhadamente o desempenho de AnP (8), ele se apresenta com idade correspondente a uma criança de 6 a 8 anos, o que anuncia a construção e generalização dos agrupamentos topológicos. Ele coloca as fichas obedecendo à relação de proximidade, de forma contínua às fichas do tabuleiro, obedecendo aos deslocamentos horizontais e verticais. Apesar de obedecer às coordenadas espaciais de horizontal e vertical, não consegue pensar nas transformações que produz ao colocar suas fichas nessas posições; apenas está preocupado com o resultado imediato de sua ação.

Isso é uma consequência das características próprias das crianças dessa idade. É por isso que não pôde planificar estratégias, apenas centrou-se nas jogadas efetivas e atuais; apesar de ter o conhecimento das coordenadas, o sujeito se mostrava preso e restrito a elas, demonstrando que não era capaz de prever as consequências de sua ação em uma jogada e nas demais jogadas seguintes.

Exemplo 2

Situação proposta por Reb (8) antes de comer as peças

● 1	○ 2	○ 3	○ 4	○ 5	○ 6
○ 7	● 8	○ 9	○ 10	○ 11	○ 12
● 13	○ 14	○ 15	○ 16	○ 17	○ 18
● 19	○ 20	○ 21	○ 22	○ 23	○ 24
● 25	○ 26	○ 27	○ 28	○ 29	○ 30
● 31	○ 32	○ 33	○ 34	○ 35	● 36

Jogadas propostas por Reb (8)

● 1	○ 2	○ 3	○ 4	○ 5	○ 6
○ 7	● 8	● 9	● 10	● 11	● 12
● 13	● 14	● 15	● 16	● 17	● 18
● 19	● 20	● 21	● 22	● 23	● 24
● 25	○ 26	○ 27	○ 28	○ 29	○ 30
● 31	● 32	● 33	● 34	● 35	● 36

"Se você pudesse organizar o jogo no tabuleiro de forma que isso lhe garantisse ganhá-lo, como você faria?"

Eu colocava uma peça aqui (casa 34) e comia aqui (casas 31, 32, 33); depois colocava outra aqui (casa 24) e comia aqui (casas 21, 22, 23); colocava outra peça aqui (casa 18) e comia estas (14, 15, 16, 17, 18); eu também podia colocar outra aqui (casa 12) e comer aqui (casas 9, 10, 11).

Ao contrário de AnP (8), Reb (8) organizou as peças no tabuleiro de forma estratégica, fazendo algumas antecipações, mas apenas na horizontal. No entanto, foi capaz de visualizar o maior número possível de jogadas, deixando a menor quantidade de peças do adversário. Conclui-se que Reb (8) possui um desempenho superior ao de AnP no que diz respeito às coordenadas espaciais, embora não fosse capaz de antecipar jogadas na diagonal ou na vertical.

Reb (8), por sua vez, também apresenta comportamentos característicos de 6-8 anos, pois anuncia a construção e a generalização de agrupamentos topológicos na medida em que vai colocando as fichas de forma contínua e unidirecional no tabuleiro, fazendo deslocamentos apenas na horizontal. No entanto, ao organizar as jogadas, foi pensando nas transformações que produziria no sentido horizontal, comportamento característico das crianças de 9-10 anos, as quais têm o manejo do espaço, embora este manejo seja apenas na horizontal. Apesar de esse comportamento ser característico do agrupamento euclídeo-projetivo, a criança não se mostra capaz de julgar planificando sistematicamente um conjunto de estratégias que impliquem benéficas situações para si. Ela se encontra em um processo de construção das formas reversíveis de pensamento, mas sem exceder o domínio topológico.

Análise da intervenção com o jogo Top letras
a) Aprendizagem do jogo

Nessa etapa do jogo, a meta era ensinar aos sujeitos as regras, assim como possibilitar a eles organizar espacialmente as letras no tabuleiro e formar palavras com sentido.

Na análise dos protocolos foi possível identificar que os sujeitos não apresentaram dificuldade de adaptação às regras do jogo e tampouco para formar palavras usando suas letras. Mas não conseguiram utilizar uma letra de uma das palavras do tabuleiro como parte integrante de sua palavra, principalmente quando essa letra ocupava o lugar intermediário entre os extremos. Apesar da dificuldade encontrada pelos sujeitos, pode-se dizer que seu desempenho está adequado para a idade, pois esse é um comportamento característico das crianças de 6-8 anos devido à construção dos agrupamentos topológicos.

O objetivo desse jogo era trabalhar as noções e orientações espaciais no papel; para tanto, foram propostas situações em que o sujeito tinha que se orientar e se organizar em relação ao tabuleiro do jogo.

b) Análise das relações espaciais

Nessa etapa da intervenção, o objetivo era analisar as coordenadas espaciais tendo como referencial as operações topológicas e euclidianas.

No processo de intervenção, essa etapa teve uma importância crucial no desenvolvimento da escrita, uma vez que o padrão de orientação e organização espacial se mostra imprescindível na organização das letras que compõem as palavras e das palavras dentro das frases e textos.

Após terem realizado a construção das palavras no tabuleiro, foi solicitado aos sujeitos que escrevessem as palavras, utilizando lápis e papel.

A seguir, são apresentados exemplos das situações-problema propostas aos sujeitos.

"O que têm em comum algumas dessas palavras selecionadas?"

Lis (8,3): O "d" de data, dedo, dia e verde e o "b" de bola, boia.

"O que existe de parecido e diferente entre estas letras: d e b?"

Lis (8,3): O d é virado para cá (mostra com o dedo o lado esquerdo) e o b é virado para cá (mostra com o dedo o lado direito).

> "Você sabe o nome dessas direções que você apontou?"
>
> Lis (8,3): para lá (mostra o lado direito) é o lado direito e para lá é o lado esquerdo (mostra o lado esquerdo).

Este exemplo nos mostra que o sujeito possui um bom desempenho em relação às coordenadas espaciais, consegue discriminar as letras e sabe identificar qual é o lado direito em si e nos objetos.

Ao contrário de Lis (8,3), An (8) não tem noção do que é direita e esquerda em si e tampouco nos objetos e pessoas; confunde direita e esquerda. Tendo como referencial os estudos de Gonzalez e Goñi (1987), nota-se que essas dificuldades estão fundadas nas relações topológicas, nas quais os sujeitos podem apresentar dificuldade para discriminar visualmente entre b-d, p-q, n-u, 6-9, t-f e, ao escrever, podem se esquecer do que vai mais alto ou mais baixo nas letras. Seguem as respostas de An (8).

> "O que têm em comum algumas dessas palavras selecionadas?"
>
> An (8): Tem o s de soda, casa, o c da casa.
>
> "Tem mais alguma letra?"
>
> O d de dado.
>
> "O que existe de parecido e diferente entre estas letras: d e b?"
>
> O d é virado para cá (mostra o lado esquerdo) e o b é virado para lá (mostra o lado direito).
>
> "Você sabe que lados são esses?"
>
> Este é o lado direito (mostra o lado errado) e este é o lado esquerdo (mostra o lado errado).

Os sujeitos, no início da intervenção, apresentavam dificuldade para transpor as coordenadas espaciais de direita e esquerda em seu corpo para as letras, confundiam e, em alguns momentos, o experimentador precisou resgatar com os sujeitos essas coordenadas para que depois pudessem transpor para o plano do papel.

Após identificar o desempenho das crianças nas relações topológicas, através das situações-problema, o experimentador propunha aos sujeitos novas situações-problema que envolviam as relações topológicas. Seguem alguns exemplos:

"Se deixarmos um espaço entre as letras desta palavra, ainda temos uma palavra? Qual?"

Jea (8): Não, isso não é uma palavra.

"Se eu retirar esta letra da palavra, eu ainda tenho uma palavra?"

Não, eu não conheço nenhuma palavra assim.

"Posso substituir alguma letra desta palavra por outra e formar outra palavra?"

Sim, você pode tirar o "o" e colocar o "a", você vai formar pata.

Neste exemplo, Jea (8) demonstrou que possui um bom desempenho no que diz respeito às coordenadas euclidianas, consegue identificar quando o espaço existente entre uma letra e outra interfere na construção da palavra e em seu significado. Vejamos agora o exemplo de Leo (7,10).

"Se deixarmos um espaço entre as letras desta palavra, ainda temos uma palavra? Qual?"

Leo (7,10): Camisa, sim isso é uma palavra, nunca ouvi falar mas é uma palavra.

"Se eu retirar esta letra da palavra eu ainda tenho uma palavra?"

Sim.

"Que palavra é essa?"

Forga, de forgado.

"O que significa esta palavra?"

Leo (7,10): Ué, forgado é quando a criança não gosta de vir na escola, é o meu pai, forgado.

"Posso substituir alguma letra desta palavra por outra e formar outra palavra?"

Leo (7,10): Não.

O exemplo de Leo (7,10) demonstra que ele não possui um bom desempenho em relação às coordenadas topológicas, não consegue perceber os espaços existentes entre as palavras, ou mesmo das letras dentro das palavras; confunde o significado das mesmas e se mostra pouco hábil na elaboração de outras palavras a partir da substituição de letras.

Na análise dos protocolos, verificou-se que muitos sujeitos apresentavam essas dificuldades na elaboração e organização das palavras. Diante de tais situações, o experimentador era obrigado a criar várias situações para que o sujeito pudesse analisar as palavras e sintetizá-las, respeitando a organização das mesmas dentro de um contexto espácio-temporal.

Para desenvolver as noções e a estruturação espacial, foram propostas situações em que o sujeito deveria se organizar e orientar em relação ao meio e, posteriormente, em relação ao tabuleiro do jogo, trabalhando em conjunto as operações euclidianas. Seguem alguns exemplos:

"Você pode escrever uma palavra, em seu porta-letras, colocando as letras em que direção?"

Bru (7,3): Posso colocar minha pecinha aqui (canto superior esquerdo – vertical) e depois assim (mostra com o dedo na horizontal).

"Você sabe o nome das posições que você mostrou agora?"

Sei sim, é a vertical e a horizontal.

"Qual a direção que normalmente seguimos para escrever?"

Bru (7,3): (Mostra na folha a parte de cima e depois mostra a parte de baixo.)

O experimentador solicita ao sujeito que faça de conta que está escrevendo e pergunta novamente: qual a direção que normalmente seguimos para escrever?

Bru (7,3) coloca o dedo no lado esquerdo da folha e diz: do lado direito para o esquerdo.

A análise do protocolo de Bru (7,3) mostra que o sujeito não possui uma boa orientação no espaço, tanto no que diz respeito a si mesmo como em relação ao tabuleiro de jogo. Confunde as coordenadas projetivo-euclidianas e não sabe qual é o seu lado direito e esquerdo, nem tampouco identifica nos objetos.

Com o decorrer das sessões e da intervenção do experimentador, Bru (7,3) foi capaz de assimilar as coordenadas espaciais, tanto em si como nos outros e nos objetos.

Ao contrário de Bru, no protocolo de Es está explicitado que o sujeito possui uma boa organização do espaço, tanto em relação ao seu corpo quanto aos objetos e situações.

> "Você pode escrever uma palavra, em seu porta-letras, colocando as letras em que direção?"
>
> Est (8) mostra com o dedo no tabuleiro a posição vertical e diz vertical; depois mostra na diagonal e diz que é di.... diagonalta, depois mostra na horizontal e diz horizontal.
>
> "Qual a direção que normalmente seguimos para escrever?"
>
> Da esquerda para a direita.

No exemplo acima, o sujeito não obteve dificuldade para identificar as coordenadas espaciais projetivo-euclidianas, apenas se esqueceu da coordenada diagonal, uma característica das crianças dessa idade. Dos sujeitos analisados, 70% não conseguiram identificar essa coordenada. Embora não tenham conseguido identificar todas as coordenadas, o desempenho demonstrado está dentro do esperado para a idade, tendo em vista que a construção do sistema euclidiano-projetivo se dá aos 9-10 anos.

Alguns sujeitos se beneficiaram mais do processo de intervenção do que outros, o que talvez se deva ao tempo de intervenção oferecido, ou mesmo ao estágio de desenvolvimento em que se encontravam.

Constatou-se, como aponta a literatura, que o bom desempenho nas relações euclidianas assegura não só as distâncias simétricas dos elementos, mas também as distâncias entre os lugares extremos. Os sujeitos que demonstraram, como Jea (7,10), bom desempenho nas coordenadas espaciais cometeram na escrita e na leitura menos omissões e adições de letras.

Na análise do processo de intervenção em sua totalidade, constatou-se que, embora se possa observar uma melhora no desempenho em estruturação espacial e, conseqüentemente na escrita, muitos aspectos inerentes a esse desenvolvimento se mostram em fase de construção. Alguns sujeitos se encontram em defasagem quando comparados com os demais; no entanto, demonstraram, durante a pesquisa, uma melhora significativa, o que reforça a idéia de que se encontram em franco desenvolvimento.

Embora alguns sujeitos demonstrem estar mais defasados que os outros, no geral todos se encontram no estágio de desenvolvimento, tanto da escrita como do espaço topológico, estando perfeitamente adequados para a idade.

É interessante observar cada conquista e as particularidades de cada uma delas, pois o sujeito se mostra único enquanto ser que está em processo de aquisição e aprendizado. Durante esse processo é preciso estar atento a todas as mudanças e dificuldades que cada sujeito apresenta.

6
Refletindo sobre a repercussão da intervenção psicopedagógica

Não há uma polegada do meu caminho que não passe pelo caminho do outro.
Simone de Beauvoir

A psicopedagogia se direciona para a busca de respostas que expliquem o baixo rendimento escolar. Muitos analisam a questão, que continua aberta a novas investigações.

Neste trabalho, em específico, buscou-se avaliar a eficácia de um programa de intervenção psicopedagógica por meio de atividades psicomotoras e jogos de regras, enfatizando a estruturação espacial em crianças que apresentam dificuldade na escrita.

A intervenção psicopedagógica proposta visa ao desenvolvimento da estruturação espacial, a partir de uma vivência corporal e da realização de jogos, em busca de novas descobertas e conhecimentos, em detrimento de um treino mecânico dessa habilidade, o qual, geralmente, compõe-se de exercícios gráficos.

De uma forma geral, as situações de vida prática auxiliam a criança a entender várias situações complexas, que, sem o auxílio do mundo concreto, não seriam facilmente assimiladas. Ao propor uma intervenção psicopedagógica, pretende-se alcançar, além do desenvolvimento do espaço, o prazer e a motivação. Para o pesquisador, o interesse do aluno se tornou uma meta importante.

Dentre os instrumentos disponíveis, fez-se a escolha pelos jogos, que assumem uma importância muito grande para a criança na medida em que significam uma experiência fundamental de entrar na intimidade do conhecimento e construir novas respostas. Esses instrumentos oferecem uma excelente oportunidade para que a criança vá se organizando e tomando consciência do espaço que está à sua volta.

Segundo Piaget (1971), o conhecimento é construído por meio das trocas do sujeito com o meio, e, ao se propor um trabalho de intervenção via jogos, acreditou-se viabilizar essas trocas, criando situações-problema que permitiriam desencadear as atividades espontâneas do sujeito, desafiando seu raciocínio. Considerando esses aspectos e as possibilidades que o jogo proporciona, o programa de intervenção psicopedagógica foi organizado visando ao desenvolvimento da estruturação espacial de crianças que apresentavam dificuldade em escrita. Os dados obtidos pelo grupo experimental, na avaliação da estruturação espacial, após a intervenção, demonstram que houve uma melhora acentuada de desempenho e enfatizam a eficácia do trabalho.

Comparando os dados obtidos pelos grupos controle e experimental a partir da avaliação da escrita (média de palavras que continham erros), no que diz respeito ao pré-teste, observou-se que não havia uma diferença significativa entre ambos, fato já esperado, de acordo com os objetivos da pesquisa. Após a intervenção, foi possível destacar o avanço obtido pelo grupo experimental, tanto na avaliação do ditado de texto quanto da escrita, demonstrando que a intervenção foi eficaz a ponto de possibilitar, a esse grupo, que melhorasse seu desempenho e superasse o grupo controle.

Vale ressaltar que, mesmo partindo de desempenhos estatisticamente iguais na escrita, os grupos se diferenciavam inicialmente no que diz respeito à variável estruturação espacial. O grupo experimental apresentava uma dificuldade em estruturação espacial tanto no plano psicomotor como cognitivo, enquanto o grupo controle não apresentava essa dificuldade. Esse aspecto, somado aos resultados obtidos pelo grupo experimental, reforça a afirmação de que o desempenho do grupo experimental foi significativo quando comparado ao do grupo controle.

É importante destacar que uma boa parte dessa melhora deve-se ao processo de ensino-aprendizagem oferecido em sala de aula e que o programa de intervenção é mais um dentre vários aspectos a serem considerados. É relevante lembrar que os alunos do grupo controle também se beneficiaram desse ensino.

A análise dos resultados permite afirmar que a intervenção foi muito eficaz, na medida em que o grupo experimental obteve uma melhora significativa, tanto no desenvolvimento do espaço como na escrita. Essas afirmações mostram uma inequívoca eficácia da intervenção no grupo experimental em todas as variáveis estudadas.

Esses dados também possibilitam afirmar que existe uma correlação entre o desenvolvimento do espaço e a escrita e, ao propormos uma intervenção visando a melhorias no espaço, oportunizam-se melhorias na escrita, sendo que os resultados corroboram as pesquisas realizadas sobre o assunto, as quais apontam para a relação estreita entre espaço e escrita.

Na visão de educadores, as limitações que a criança apresenta na orientação espacial podem ser um dentre os vários fatores determinantes nas dificuldades de aprendizagem evidenciadas no período de alfabetização, pois é por meio da orientação espacial que a criança não só estrutura seu espaço, mas também identifica e discrimina os símbolos gráficos.

Caso se tome como exemplo uma criança quando começa a aprender as letras "o" e "a", sua primeira analogia é que as duas letras são uma bola e que a diferença inicial é que uma tem a perna para baixo e a outra para cima. Dessa forma, se esses conceitos espaciais de "em cima" e "embaixo" não estiverem claros para a criança, ela apresentará dificuldade em identificar o seu significado.

O mesmo se verifica na aprendizagem das letras "e" e "i". Ao analisar os movimentos de cada uma das letras, verifica-se que ambas apresentam o mesmo gesto motor; a única diferença é que uma é aberta e a outra é fechada, o que novamente mostra um contraste espacial das letras.

Assim, pode-se observar que vários símbolos gráficos são diferenciados espacialmente; portanto, é por meio da distinção dessas diferenças que a criança se torna capaz de estruturar os códigos de leitura e escrita.

É visível, no processo de observação, a dificuldade que algumas crianças apresentam ao organizar as palavras, aglutinando-as ao escrever (em vez de "estou indo", escrevem "estouindo"), ou separando-as inadequadamente. Às vezes também invertem letras, números, ou mesmo sílabas dentro de palavras: a criança pode escrever 12 em vez de 21, "car" em vez de "rac" etc.

Dessa forma, intervir, no intuito de garantir às crianças condições favoráveis para o desenvolvimento da estruturação espacial, é uma das formas de prepará-las para uma boa aprendizagem.

Embora não se possa afirmar categoricamente que o único responsável pela melhora do grupo experimental, na estruturação espacial e consequentemente na escrita, tenha sido o programa de intervenção, os dados qualitativos apresentados na presente pesquisa demonstram a correlação observada entre essas variáveis.

Os jogos Twister, Reversi e Top letras tiveram um papel importante dentro da intervenção psicopedagógica, na medida em que proporcionaram situações para estimular a criança a observar seus erros, planejar e antecipar as jogadas, o que, consequentemente, a levou a elaborar jogadas assertivas e a desenvolver as noções de espaço.

A interferência do experimentador possibilitou aos sujeitos que se mostrassem capazes de assimilar as coordenadas de espaço, as quais se mantinham num primeiro momento apenas no plano do jogo e, aos poucos, foram se tornando parte da vida diária e da aprendizagem da criança.

Sabe-se que as atividades corporais da criança têm uma relação estreita com a qualidade do espaço e dos materiais que utiliza; assim sendo, ao se limitar o espaço disponível para o desenvolvimento da expressão corporal, haveria atrofia do corpo e prejuízo ao desenvolvimento da inteligência. Dessa forma, torna-se cada vez mais urgente criar espaços para a liberdade e ação motora. É preciso estar atento a todas as oportunidades possíveis dentro e fora do contexto escolar no intuito de desenvolver a estruturação espacial. Nesse contexto, o jogo pode ser um meio eficaz na estruturação da intervenção.

Na literatura específica da área há afirmações de que, ao longo dos anos, as brincadeiras e os jogos com o corpo auxiliam as crianças a compreender conceitos e a tomar consciência do mundo e de seu corpo. Sendo assim, o jogo e a brincadeira são atividades próprias para o desenvolvimento dessa consciência corporal, na medida em que são atividades específicas da criança e, ao mesmo tempo, proporcionam prazer e espontaneidade.

Atualmente muito se fala sobre os jogos e brinquedos, que são reconhecidos como o meio para a criança se comunicar com o mundo, vivenciar suas emoções, interagir com outras crianças e adultos, melhorar seu desempenho físico-motor, nível linguístico, formação moral e desenvolvimento intelectual.

No entanto, outros estudiosos afirmam que o planejamento urbano transformou quase tudo em concreto e que, por esse motivo, não há espaço para o jogo e as brincadeiras. Criticam também as praças existentes, que se tornaram violentas, a perda dos quintais das casas e a mudança para minúsculos apartamentos. As mães, que antes participavam das brincadeiras dos filhos, hoje, na grande maioria, trabalham fora de casa e dispõem de pouco tempo para brincar com eles.

A questão econômica é um outro fator que, segundo alguns teóricos, limita as crianças, uma vez que muitas precisam trocar suas horas de lazer e atividades lúdicas pelo trabalho, para ajudar no orçamento de casa.

Há, também, crianças que são tolhidas em seu direito de brincar devido à sobrecarga de atividades que realizam (inglês, balé, natação, computação e outros), e a brincadeira é muitas vezes substituída por outras atividades como televisão, jogos eletrônicos e computador.

O surgimento de novas formas de lazer, com a fabricação de brinquedos eletrônicos e mecânicos, é também motivo de preocupação e questionamentos constantes por limitarem a criança em suas ações, dificultando o contato e a exploração do meio através do seu corpo e, consequentemente, o desenvolvimento de sua estruturação espacial.

Apesar das críticas a respeito dessas novas formas de lazer, não se pode negar que a TV e alguns jogos estimulam a criança e proporcionam informações importantes para a sua vida; no entanto, é imprescindível que ela tenha outras oportunidades para que possa, através de brincadeiras simples, como amarelinha, pular corda e outras atividades com o corpo, explorar o espaço à sua volta.

No plano escolar, constata-se que o espaço para o desenvolvimento psicomotor vem se tornando cada vez mais restrito e as crianças chegam à primeira série, muitas vezes, sem conhecimentos básicos, como o conhecimento de seu próprio corpo e sua lateralidade.

Muitas pré-escolas se esforçam apenas em alfabetizar, esquecendo-se de prestar atenção ao desenvolvimento integral das crianças. Priorizam, muitas vezes, apenas atividades gráficas e se esquecem do corpo. No entanto, é fato que a criança não passa, de uma hora para outra, de exercícios padronizados de leitura e escrita à representação mental. Ela precisa vivenciar várias experiências com seu corpo e sentir-se motivada para tanto.

Escrever e ler são realidades que a criança constrói lentamente, integrando noções de espaço, tempo e do próprio corpo, diferenciando-se dos objetos ao seu redor. É através desse processo que ela descobre a aprendizagem e faz ligações com o mundo.

Na verdade, explorar o mundo com o corpo, dominando-o, é algo que se estabelece a partir do momento em que são facilitadas as oportunidades de iniciativa, por meio de múltiplas experiências de movimento, nos diversos locais em que a criança se encontra e, particularmente, por intermédio das condições existentes no espaço em que se move.

Dessa forma, se for limitado o espaço destinado à exploração do corpo, o qual se mostra como o meio para o desenvolvimento da estruturação espacial, como será possível o desenvolvimento dessa habilidade, defendida por tantos autores, como pré-requisito para a aprendizagem? Em que momento será priorizado o desenvolvimento dessa habilidade?

Diante de tais constatações, é de extrema importância a atuação de profissionais que se preocupam com a infância, no sentido de resgatar o espaço destinado à estruturação espacial. A necessidade de um trabalho mais direto com a criança impele os educadores à busca de novos caminhos, no intuito de atender a essa demanda, criando novas oportunidades dentro da psicopedagogia para uma atuação centrada nesses interesses.

É realidade que a estruturação espacial está presente na vida do sujeito desde o momento em que ele nasce, na forma como explora o seu corpo ou os objetos. Trata-se de uma construção contínua, onde a interação sujeito e meio se faz necessária e imprescindível. Se, ao invés de um mundo espacial estável, tivéssemos um mundo espacial instável, as observações entre coisas e objetos se tornariam imperfeitas e pouco adequadas, impedindo distinções de formas, estrutura e distância.

De acordo com alguns teóricos, se essas relações se mantêm instáveis, as observações dos elementos e dos detalhes não se podem operar convenientemente, surgindo inevitavelmente as desordens na percepção espacial. Sem a capacidade de fazer relações, não é possível observar semelhanças ou diferenças e, sem esses dados, o desenvolvimento cognitivo está comprometido e, consequentemente, com reflexos evidentes em vários aspectos da aprendizagem.

Portanto, a aprendizagem motora dessa habilidade envolve uma aquisição de movimentos em que há participação e exploração de todo o corpo do sujeito atrelado aos aspectos cognitivos. É tomando por base a aquisição desses conhecimentos que a criança vai estruturando seus códigos da leitura e da escrita.

Torna-se necessário que a escola dê maior valor aos aspectos do desenvolvimento da estruturação espacial, partindo do princípio de que não é algo inato, mas que resulta de uma construção na qual o corpo assume o papel de arquiteto, e considerando que a estruturação espacial corporifica alguns dos pré-requisitos para a aprendizagem da escrita e da leitura.

Uma vez considerados esses aspectos, almeja-se que esse conhecimento possa ser apropriado tanto por profissionais da área de psicopedagogia como por educadores, na medida em que se pretende revelar a importância da intervenção psicopedagógica na estruturação espacial tendo como aliada a atividade lúdica. No entanto, é preciso que fique claro que a aprendizagem da escrita não se consegue exclusivamente pelo domínio da estruturação espacial no plano psicomotor ou cognitivo. A complexidade intrínseca desse processo leva a uma verdadeira revisão do que sejam a escrita, os seus fins e os meios de aprendizagem.

Os estudos aqui apontados e os resultados desta pesquisa permitem afirmar que, embora cada sujeito tenha suas características próprias e peculiares, ele acaba se beneficiando das oportunidades e experiências no mundo social em que vive e opera. O conhecimento que ele adquire e as experiências que vivencia com seu corpo dependem das oportunidades que lhe são oferecidas. Essas oportunidades tanto podem suscitar um desenvolvimento maior em uma habilidade psicomotora e cognitiva, como foi o caso deste estudo, como podem suscitar o desenvolvimento de outras habilidades em específico, assim como a necessidade de um trabalho preventivo, no intuito de incluir atividades que priorizem o desenvolvimento de tais habilidades.

No entanto, para que esse trabalho preventivo ocorra, é preciso deixar de valorizar, principalmente no período pré-escolar, apenas o treino mecânico das habilidades.

É imprescindível começar a valorizar o conhecimento baseado em uma vivência corporal, partindo das experiências próprias das crianças, em busca de novas descobertas e conhecimentos. Essa realidade será viável à medida que criarmos condições e oportunidades para que as crianças se desenvolvam por meio dos movimentos e experiências corporais e façam relações necessárias ao seu desenvolvimento, aprendendo a perceber e a interacionar o vivido, através da ação com o cognitivo.

A esse respeito, são oportunas as palavras de Le Boulch (1992), ao afirmar que a introdução de uma verdadeira educação do corpo, ligada à educação da função simbólica, fará com que as concepções educativas evoluam e se tornem mais eficazes no plano prático.

Referências bibliográficas

ABREU, A.R. **O jogo de regras no contexto escolar**: uma análise na perspectiva construtivista. São Paulo: USP, Instituto de Psicologia, 1993 [Dissertação de mestrado].

AGUIAR, J.S. **Jogos para o ensino de conceitos**: leitura e escrita na pré-escola. Campinas: Papirus, 1998.

AJURIAGUERRA, J. **Manual de psiquiatria infantil**. Rio de Janeiro: Masson do Brasil, 1988 [Tradução de Paulo C. Geraldes e Sônia R.P.A.].

ALMEIDA, P.N. **Educação lúdica**: técnicas e jogos pedagógicos. São Paulo: Loyola, 1998.

ALMEIDA, S.F.C. et al. Concepções e práticas de psicólogos escolares acerca das dificuldades de aprendizagem. **Psicologia Teoria e Pesquisa**, vol. 11, n. 2, mai.-ago/1995, p. 117-134. Brasília.

ARANTES, C.F. **Reflexões sobre o jogo a partir de obras de Jean Piaget**. São Paulo: PUC, 1997 [Dissertação de mestrado].

ARAÚJO, V.C. **O jogo no contexto da educação psicomotora**. São Paulo: Cortez, 1992.

BEHAR, P. **Métodos de análise lógico-operatória de ferramentas computacionais** [Disponível em: <www.nuted.edu.ufrgs. br> – Acesso em nov./ 2003].

BOMTEMPO, E. **Brinquedo, linguagem e desenvolvimento**, 1988 [Texto não publicado].

BORGES, C.J. **Educação física para o pré-escolar**. 3. ed. São Paulo: Sprint, 1987.

BRASIL/Secretaria de Educação Fundamental. **Parâmetros curriculares nacionais**: introdução aos parâmetros curriculares nacionais. Brasília, 1997.

BRENELLI, R.P. Espaço lúdico e diagnóstico em dificuldades de aprendizagem: contribuição do jogo de regras. In: SISTO, F.F.; BORUCHOVITCH, E.; FINI, L.D.T. (orgs.). **Dificuldades de aprendizagem no contexto psicopedagógico**. Petrópolis: Vozes, 2001.

_____ **O jogo como espaço para pensar**. São Paulo: Papirus, 1996.

BURGOS, M.S. Habilidade intelectiva de percepção espacial referenciada às atividades lúdico-desportivas no desenvolvimento da personalidade infantil. In: KREBS, R. et al. (org.). **Perspectiva para o desenvolvimento infantil**. Santa Maria: Asa, 1999, p. 159-196.

CAMPOS, T.M.M. A construção de relações espaciais por crianças de 7 a 10 anos. **Educação Matemática em Revista**, n. 8, 2000, p. 34-46. São Paulo.

CARVALHO, C.S.C.T. **Construindo a escrita**: gramática/ortografia. Vol. 2. São Paulo: Ática, 1995.

CLAPAREDE, E. **A escola sob medida**. 3. ed. Rio de Janeiro: Fundo de Cultura, 1958.

COLELLO, S.M.G. **Linguagem escrita e escrita da linguagem** – Emilia Ferreiro e Jean Le Boulch: um confronto de teorias. São Paulo: USP, Instituto de Psicologia, 1990 [Dissertação de mestrado].

COLL, C. et al. **Desenvolvimento psicológico e educação**: necessidades educativas especiais e aprendizagem escolar. Vol. 3. Porto Alegre: Artes Médicas, 2000.

CRATTY, B.F. **A inteligência pelo movimento**. São Paulo: Difel, 1975 [Tradução de Roberto Goldkorn].

CUNHA, M.F.P.C. **Desenvolvimento psicomotor e cognitivo**: influência na alfabetização de crianças de baixa renda. São Paulo: USP, Instituto de Psicologia, 1990 [Tese de doutorado].

CUNHA, N.H.S. **Brincar, pensar e conhecer brinquedos, jogos e atividades**. São Paulo: Maltese, 1998.

DE LIÈVRE, B. & STAES, L. **La psychomotrocité au service de l'enfant**. Paris: Belin, 1992.

DE MEUR, A. & STAES, L. **Psicomotricidade, educação e intervenção**. São Paulo: Manole, 1993.

DOLLE, J.M. **Para compreender Jean Piaget**. Rio de Janeiro: Agir, 2000.

ESCORIZA NIETO, J. Dificuldades em el proceso de composición del discurso escrito. In: SANTIUSTE BERMEJO, V. & BELTRAN LLERA, J.A. (coord.). **Dificuldades de aprendizaje**. Vallehermoso: Síntesis, 1998, cap. 6, p. 147-162.

FERMINO, F.S. (org.). **Atuação psicopedagógica e aprendizagem escolar**. Petrópolis: Vozes, 1996.

FERNANDEZ, A. **A inteligência aprisionada**. Porto Alegre: Artes Médicas, 1991 [Tradução de Iara Rodrigues].

FERREIRO, E. & TEBEROSKY, A. **Psicogênese da língua escrita**. Porto Alegre: Artes Médicas, 1991 [Tradução de Diana Myriam Lichtenstein, Liana Di Marco e Mário Corso].

FINI, L.D.T. Rendimento escolar e psicopedagogia. In: SISTO, F.F. et al. **Atuação psicopedagógica e aprendizagem escolar**. Petrópolis: Vozes, 1996.

FLAVELL, J.H. **A psicologia do desenvolvimento de Jean Piaget**. São Paulo: Pioneira,1996.

FONSECA, V. **Dificuldades de aprendizagem**. Porto Alegre: Artes Médicas, 1995.

FREIRE, J.B. **Educação de corpo inteiro**. São Paulo: Scipione, 1994.

FURTADO, V.Q. **Relação entre desempenho psicomotor e aprendizagem da leitura e escrita**. Campinas: Unicamp, Faculdade de Educação, 1998 [Dissertação de mestrado].

GARCIA, J.N. **Manual de dificuldades de aprendizagem**. Porto Alegre: Artes Médicas, 1998 [Tradução de Jussara Haubert Rodrigues].

GONZALEZ, A. & GÒNI, A.M.R. **Las operaciones lógico matemáticas y el juego reglado.** Buenos Aires: Editorial Catari, 1993.

_____ **La construcción operatória del espacio y el aprendizaje de la lecto-escritura,** 1987 [Texto não publicado].

GROSSI, E.P. **Didática da alfabetização.** Petrópolis: Vozes, 1990.

GROSSMAN, S. **Desenvolvimento das estruturas lógicas e desempenho escolar.** Campinas: Unicamp, Faculdade de Educação, 1998 [Dissertação de mestrado].

GUIMARÃES, K.P. **Abstração reflexiva e construção da noção de multiplicação, via jogos de regras:** em busca de relações. Campinas: Unicamp, Faculdade de Educação, 1998 [Dissertação de mestrado].

JOHNSON, D.J. & MYKLEBUST, H.R. **Distúrbios de aprendizagem:** princípios e práticas educacionais. São Paulo: Pioneira, 1987.

KAMII, C. & DEVRIES, R. **Jogos em grupo na educação infantil:** implicações da teoria de Piaget. São Paulo: Trajetória Cultural, 1991 [Tradução de Marina Célia Dias].

KEPHART, N.C. **O aluno de aprendizagem lenta.** Porto Alegre: Artes Médicas, 1998 [Tradução de Leda Luci Sehm Gerhardt].

KISHIMOTO, T.M. **Jogo, brinquedo, brincadeira e a educação.** São Paulo: Cortez, 1997.

KISHIMOTO, T.M. (org.). **Brincar e suas teorias.** São Paulo: Pioneira, 1998.

LAPIERRE, A. **A educação psicomotora na escola maternal:** uma experiência com os pequeninos. São Paulo: Manole, 1986 [Tradução de Lígia E. Hank].

LE BOULCH, J. **O desenvolvimento psicomotor do nascimento até 6 anos.** Porto Alegre: Artes Médicas, 1992 [Tradução de Ana G. Brizolara].

_____ **Educação psicomotora:** a psicocinética na idade escolar. Porto Alegre: Artes Médicas, 1988 [Tradução de Jeni Wolff].

_____ **Curso de psicomotricidade.** Uberlândia: UFU, 1983 [Tradução de Neila Soares de Faria e Neuza Gonçalves Travaglia].

LOPES, S.V.A. **Relações entre a abstração reflexiva e o conhecimento aritmético de adição e subtração em crianças do ensino fundamental.**

Campinas: Unicamp, Faculdade de Educação, 1997 [Dissertação de mestrado].

MACEDO, L.; PETTY, A.L.S.; PASSOS, N.C. **Aprender com jogos e situações-problema**. Porto Alegre: Artes Médicas Sul, 2000.

MACEDO, L. et al. **Quatro cores, senha e dominó**: oficinas de jogos em uma perspectiva construtivista e psicopedagógica. São Paulo: Casa do Psicólogo, 1997.

_____ **Ensaios construtivistas**. São Paulo: Casa do Psicólogo, 1994.

MAGALHÃES, L.A.M. **O jogo cara a cara em crianças de 7 a 13 anos**: uma análise construtivista. São Paulo: USP, 1999 [Dissertação de mestrado].

MICOTTI, M.C.O. **Piaget e o processo de alfabetização**. São Paulo: Pioneira, 1980.

MORAIS, A.M.P. **Distúrbios de aprendizagem**. São Paulo: Edicon, 1997.

MORO, M.L.F. A construção da inteligência e a aprendizagem escolar de crianças de famílias de baixa renda. **Cadernos de Pesquisa**, vol. 56, 1986, p. 66-72. São Paulo.

NEGRINE, A. **Educação psicomotora**: lateralidade e a orientação espacial. Porto Alegre: Pallloti, 1986.

OLIVEIRA, G.C. **Avaliação psicomotora à luz da psicologia e da psicopedagogia**. Petrópolis: Vozes, 2003.

_____ **Psicomotricidade, educação e intervenção num enfoque psicopedagógico**. Petrópolis: Vozes, 1997.

PATTO, M.S. **A produção do fracasso escolar**: histórias de submissão e rebeldia. São Paulo: Casa do Psicólogo, 1990.

PEREIRA, M.P. **A influência da pré-escola na aprendizagem da leitura e da escrita e sua relação com algumas variáveis psicomotoras em crianças de primeira série do primeiro grau**. São Paulo: USP, Instituto de Psicologia, 1997 [Dissertação de mestrado].

PETRY, R.M. **Educação física e alfabetização**. Porto Alegre: Kuarup, 1988.

PETTY, A.L.S. **Ensaio sobre o valor pedagógico dos jogos de regras**: uma perspectiva construtivista. São Paulo: USP, Instituto de Psicologia, 1995 [Dissertação de mestrado].

PIAGET, J. **A construção do real na criança**. São Paulo: Ática, 2001 [Tradução de Ramon Américo Vasques].

_____ **O nascimento da inteligência da criança**. 2. ed. Rio de Janeiro: Zahar, 1974 [Tradução de Álvaro Cabral].

_____ **A formação social do símbolo na criança**. Rio de Janeiro: Zahar, 1971.

_____ **Psicologia e pedagogia**. Rio de Janeiro: [s.e.], 1970 [Tradução de Dirceu Accioly Lindoso e Rosa Maria Ribeiro da Silva].

PIAGET, J. & INHELDER, B. **A representação do espaço na criança**. Porto Alegre: Artes Médicas, 1993 [Tradução de Bernardina Machado de Albuquerque].

PICQ, L. & VAYER, R. **Educação psicomotora e retardo mental**: aplicação aos diferentes tipos de inadaptação. 4. ed. São Paulo: Manole, 1985.

PUGLISI, J.C. **O jogo didático no processo ensino-aprendizagem**. São Paulo: PUC, 1997 [Dissertação de mestrado].

RABIOGLIO, M.B. **Jogar**: um jeito de aprender – Análise do pega-varetas e da relação jogo-escola. São Paulo: USP, 1995 [Dissertação de mestrado].

REBELLO, J.A.S. **Dificuldades da leitura e da escrita**. Lisboa: Asa, 1993.

SCOZ, B.J.L. et al. **Psicopedagogia**: o caráter interdisciplinar na formação e atuação profissional. Porto Alegre: Artes Médicas, 1991.

SISTO, F.F. (org.). **Atuação psicopedagógica e aprendizagem escolar**. Petrópolis: Vozes, 1996.

SISTO, F.F.; BORUCHOVITCH, E.; FINI, L.D.T. (orgs.). **Dificuldades de aprendizagem no contexto psicopedagógico**. Petrópolis: Vozes, 2001.

TARNOPOL, L. **Crianças com distúrbios de aprendizagem**: diagnóstico, medicação, educação. São Paulo: Edart, 1990.

ZORZI, J.L. **Aprender a escrever**. Porto Alegre: Artes Médicas, 1998.

WADSWORTH, B. **Piaget para o professor de pré-escola e de 1° grau**. São Paulo: Pioneira, 1993.